D1849447

optimierung & existenzsicherung im gastgewerbe

HELMUT KAMMERER

optimierung & existenzsicherung im gastgewerbe

HELMUT KAMMERER

2. vollständig überarbeitete und erweiterte Auflage

MATTHAES VERLAG GMBH

INHALT

EIN PAAR WORTE VORAB

Liebe Leserinnen und Leser
der überarbeiteten Neuauflage,

gut fünf Jahre nach dem ersten Erscheinen von „Optimierung und Existenzsicherung im Gastgewerbe“ schien es mir an der Zeit, das Buch an der einen oder anderen Stelle zu überarbeiten und Ergänzungen vorzunehmen. Natürlich gelten die Grundlagen einer guten Betriebsführung im Gastgewerbe nach wie vor, aber die Zeit bleibt nicht stehen und die Anforderungen an die Professionalität steigen immer weiter. So bleibt es nicht aus, dass jeder dazulernen muss und dass Kenntnisse und Fertigkeiten, die noch vor fünf Jahren höchstens für einen ganz kleinen Leserkreis von Interesse gewesen wären, heute nahezu unerlässlich sind. Insbesondere im kaufmännischen Teil des Buches habe ich neue Themen aufgenommen, wie beispielsweise eine Einführung in die Deckungsbeitragsrechnung oder einen Blick auf die wichtigsten betriebswirtschaftlichen Kennzahlen. Doch auch an vielen anderen Stellen findet der Leser Themen aktualisiert.

Verzichtet haben wir in der Neuauflage auf die Tabellen der regionalen Förderungen, da sich hier zu oft Dinge ändern, so dass das Buch schon nach kurzer Zeit falsche Informationen liefern würde.

Nach wie vor gilt jedoch, dass Optimierung und Existenzsicherung in einem sehr engen Zusammenhang stehen. Langfristig wird nämlich nur der Unternehmer bestehen können, der seinen Betrieb einem permanenten Prozess der Optimierung unterwirft.
Es gab sicher schon leichtere Zeiten für Unternehmer als unsere Tage. Pleitewellen rollen durch das Land, öffentliche Aufträge sind Mangelware, die Banken sind äußerst zurückhaltend bei Kreditvergaben, und der Konkurrenzkampf ist hart.

Da wird es Zeit, dass Sie Ihr Unternehmen „winterfest“ machen. Vielleicht gehören Sie zu der großen Zahl der

Gastronomen und Hoteliers, die bereits in Schwierigkeiten stecken, vielleicht zählen Sie aber auch zu denen, die bislang nur ab und an eine dunkle Wolke am Horizont erkennen, oder Sie haben das Glück einer der wenigen zu sein, die keinen Grund zur Klage sehen.
Eines vereint jedoch alle: Existenzsicherung und Optimierung ist Ihr Thema!

Machen Sie Ihr Unternehmen „winterfest"

Wenn es Ihnen bislang rundherum gut geht, dann wissen Sie längst um die Bedeutung der Betriebsoptimierung. Sie nehmen auf dem Markt eine Spitzenposition ein und werden darauf achten, dass es so bleibt. Bleiben Sie am Ball!

Wenn Sie da und dort Probleme auf sich zukommen sehen, spüren Sie bereits, dass es Handlungsbedarf gibt, aber vielleicht wissen Sie noch nicht genau, wo Sie den Hebel ansetzen sollen.

Wenn Sie mitten im Kampf ums Überleben stecken, dann wird es höchste Zeit, die richtigen Schalter umzulegen; denn weitermachen wie bisher und auf bessere Zeiten hoffen führt ins Aus.

Optimierung und Existenzsicherung ist eben ein grundlegendes Thema eines jeden Unternehmers – zu jeder Zeit! Deshalb dieses Buch, das kein streng didaktisch aufgebautes Lehrbuch sein soll. Vielmehr will ich Ihnen auf unterhaltsame Weise zeigen, was auf Grund meiner langjährigen Erfahrung als Berater in der Branche die wichtigsten Aspekte dieses Themas sind, was Sie als Unternehmer in Gastronomie oder Hotellerie besser machen können, und worauf Sie insbesondere achten müssen.
Ich hoffe, mir ist es gelungen, dies in leichter und verständlicher Weise zu Papier zu bringen, so dass ich Ihnen an dieser Stelle wünschen kann:
Viel Spaß beim Lesen!

Ihr

Helmut Kammerer

ORGANISATION DER BUCHHALTUNG

Überlassen Sie die Buchhaltung nicht alleine Ihrem Steuerberater

Wahrscheinlich lassen Sie die Buchführung von einem Steuerberater machen, und da er ein Fachmann ist, verlassen Sie sich darauf, dass er das schon richtig machen wird. Im Idealfall stimmt das. Leider ist meiner Erfahrung nach dieser Idealfall nicht der Normalfall. Vielmehr erlebe ich es häufig, dass Gastronomen und Hoteliers von ihren Steuerberatern Monat für Monat gegen gutes Geld betriebswirtschaftliche Auswertungen, so genannte BWAs, erhalten, die im Prinzip ohne jede Aussagekraft sind.
Daher will ich damit beginnen, einige grundlegende Dinge zu einer sinnvollen Organisation Ihrer Buchführung auszuführen.

Soll- oder Ist-Buchhaltung?

Diese beiden Buchhaltungsformen unterscheiden sich in einem ganz wesentlichen Punkt: Bei der Ist-Buchhaltung werden nur diejenigen Geschäftsvorfälle gebucht, die unmittelbar mit Zahlungen zu tun haben, also

- Bareinnahmen
- Barausgaben
- Kontogutschriften
- Kontobelastungen bzw. Überweisungen vom Konto

Bei der Soll-Buchhaltung hingegen werden alle Geschäftsvorgänge gebucht, also auch

- eingehende, aber noch nicht bezahlte Rechnungen
- ausgehende, aber noch nicht vereinnahmte Rechnungen

Nur die Soll-Buchhaltung liefert aussagekräftige Daten

Aus meiner Sicht kann es nur eine Entscheidung geben: Einzig die Soll-Buchhaltung liefert Daten, mit denen ein Unternehmen geführt und gesteuert werden kann!

Ich will dies kurz begründen und ein eindrucksvolles Beispiel dafür geben, zu welchen Trugschlüssen die Ist-Buchhaltung führen kann.
Die Soll-Buchhaltung bildet ab, was wann passiert ist. Unabhängig davon, wann Sie oder Ihre Kunden bezahlen,

werden Umsätze oder Kosten dann verbucht, wenn sie wirklich anfallen.
Wenn Sie beispielsweise Ende Juli eine große Hochzeit ausrichten und Ihr Kunde zahlt die Rechnung Anfang August, so weist die Ist-Buchhaltung diesen Umsatz fälschlicherweise im August aus.
Die Soll-Buchhaltung hingegen verbucht den Umsatz ganz richtig im Juli, wo er auch hingehört. Zusätzlich weist Ihnen die Soll-Buchhaltung in den offenen Posten eine Forderung gegen den Kunden in der entsprechenden Höhe aus. Wenn der Kunde dann zahlt, wird diese Forderung ausgebucht. Außerdem sehe ich oft, dass in BWAs manchmal in einem Monat keine Gehälter oder auch keine Pacht gebucht wird, während im Folgemonat doppelte Gehälter bzw. doppelte Pachten in den BWAs ausgewiesen werden. Bei einer Ist-Buchhaltung passiert das, wenn die Gehälter zum Zeitpunkt der Buchhaltung noch nicht ausbezahlt und dafür im nächsten Monat nachgeholt worden waren.
Das Bild über den Erfolg Ihres Unternehmens wird dadurch aber völlig verzerrt; denn natürlich weist Ihre BWA einen schönen Gewinn aus, wenn die Gehälter noch nicht verbucht sind.

Kampf ums „Überleben"

Vor einigen Jahren habe ich in einem Betrieb ein besonders krasses Beispiel erlebt: Ein Kunde hatte mich zu sich gebeten und mir seine Lage geschildert; er kämpfe ständig ums Überleben, die Mahnungen und sogar Mahnbescheide häuften sich. Er selbst lebe so bescheiden, dass er sich kaum noch die Butter aufs Brot gönne. Er habe keinen Knopf Geld, aber seine BWA weise ordentliche Gewinne aus. Er konnte sich das nicht erklären.
Ich schaute mir die neueste BWA an, die er hatte. Sie stammte vom November und wies tatsächlich für das ganze Jahr einen Gewinn von kumuliert rund 25 000 € aus.
Da das Unternehmen rund 1 000 000 € Umsatz aufzuweisen hatte, war ich zunächst gar nicht auf die Idee gekommen, dass es sich dabei um das Resultat einer Ist-Buchhaltung handeln könnte. Erst als ich nachbohrte und fragte, ob auch ganz sicher alle Rechnungen verbucht seien, öffnete der Kunde eine Schublade, die bis oben hin voll war mit unbezahlten – und deshalb noch nicht ver-

buchten – Rechnungen. Schnell addierten wir die Rechnungsbeträge zusammen und kamen auf satte 100 000 € an unbezahlten Rechnungen.

Eine Soll-Buchhaltung hätte uns sofort gezeigt, dass es keinen Gewinn von 25 000 € gab, sondern einen Verlust von 75 000 €. Ein bedeutender Unterschied!

Die Soll-Buchhaltung erlaubt früheren Vorsteuerabzug

Hinzu kommt, dass in diesen 100 000 € ungebuchter Rechnungen rund 16 000 € an Vorsteuern schlummerten. Steuern also, die vom Finanzamt erstattet werden, sobald sie verbucht sind. 16 000 € sind ein warmer Regen, wenn man knapp bei Kasse ist!

Erlöskonten

Immer wieder erlebe ich, dass Gastronomen oder Hoteliers alle Umsätze auf ein und dasselbe Erlöskonto buchen. Wenn Sie nur eine Erlösart haben, dann ist das in Ordnung, aber in fast allen Betrieben gibt es weit mehr als eine Erlösart.

Zumindest müssen Sie zwischen Übernachtungserlösen und Erlösen aus Speisen und Getränken unterscheiden. Diese Trennung ist schon deshalb unerlässlich, weil Sie nur dann Ihren Wareneinsatz ermitteln können, wenn Sie den Erlösteil, bei dem Sie eingekaufte Waren veräußern – also den Bereich Speisen und Getränke – getrennt buchen.

Bei den Übernachtungen wiederum ist es notwendig, zwischen reiner Übernachtung und dem Frühstück zu unterscheiden, denn auch das Frühstück kostet Wareneinsatz. Dabei ist das Frühstück mit dem Wert anzusetzen, den ein Gast bezahlen müsste, der nur bei Ihnen frühstückt, ohne Ihr Übernachtungsgast zu sein.

Pauschalen müssen aufgeschlüsselt werden

Wenn Sie Pauschalgäste haben, müssen Sie alle Anteile aus Speisen und Getränken aus der Pauschale herausrechnen, wobei es eine grundlegende Regel gibt, gegen die Sie eigentlich nicht verstoßen sollten: Alle Rabatte gehen zu Lasten des Bettes! Das bedeutet, dass Sie bei Pauschalangeboten Speisen und Getränke in der internen Rechnung stets zum vollen Preis ansetzen müssen. Der reine Übernachtungserlös ergibt sich dann aus der Differenz zwischen Pauschalpreis und dem vollen Preisansatz von Speisen und Getränken.

Der Grund dafür ist leicht zu erklären. Wie in den Kapiteln Kostenkontrolle und Controlling detailliert erörtert werden wird, ist es wichtig, bei Speisen und Getränken die Wareneinsatzquote genau zu kontrollieren. Dies ist aber nur dann möglich, wenn sie nicht durch fiktive Rabatte verzerrt wird. Ich will die Erlösaufteilung bei einem Pauschalgast anhand eines Beispiels verdeutlichen:

BEISPIEL

Position	Einzelpreis (€)	Gesamtpreis (€)
Pauschale für Halbpension		42,00
Anteil Frühstück	9,00	
Anteil Abendessen	12,00	
Anteil Übernachtung	21,00	

Nach der Regel, dass Rabatte stets zu Lasten des Bettes gehen, bedeutet das für den Fall, dass der Gast diesen Preis auf 39 € drückt, dass die Anteile für Frühstück und Abendessen konstant bleiben, während sich der Erlös aus Übernachtung auf 18 € verringert.

Nun habe ich oben die Regel, dass alle Rabatte ausschließlich zu Lasten des Bettes gehen dürfen, durch das Wort „eigentlich" etwas abgeschwächt. Verantwortlich dafür ist der seit 1. 1. 2010 geltende neue Umsatzsteuersatz für Hotelübernachtungen.
Der auf 7 % abgesenkte Mehrwertsteuersatz macht es natürlich sehr verlockend, bei Pauschalangeboten den Übernachtungsanteil möglichst hoch zu halten.

Die Auswirkung will ich am obigen Beispiel kurz erläutern.

Netto, also nach Abzug der Umsatzsteuer, sieht die obige Tabelle wie folgt aus:

BEISPIEL

Position	Einzelpreis (€)	Gesamtpreis (€)
Anteil Frühstück	7,56	
Anteil Abendessen	10,08	
Anteil Übernachtung	19,63	
Summe Nettoerlöse		37,27

Verlagert man nun die Erlöse zugunsten des Bettes, indem man als Frühstückspauschale nur noch 5 € und für das Abendessen 8 € ansetzt, dann verbleiben bei einer Brutto-Pauschale von 42 € immerhin 29 € für die Übernachtung.

Den Unterschied erkennt man, wenn man die neuen Nettowerte ansetzt:

BEISPIEL

Position	Einzelpreis (€)	Gesamtpreis (€)
Anteil Frühstück	4,20	
Anteil Abendessen	6,72	
Anteil Übernachtung	27,10	
Summe Nettoerlöse		38,02

Der gesamte Nettoerlös liegt also bei der zugunsten der Übernachtung verschobenen Berechnung um 0,75 € höher als bei der herkömmlichen Aufteilung. Im Einzelfall mag dies unbedeutend erscheinen. Geht man aber beispielsweise davon aus, dass es sich um eine ganze Reisegesellschaft mit 40 Personen handelt, die fünf Nächte bleiben, addiert sich der Zusatzerlös auf immerhin 150 €.

Nun gilt es also abzuwägen, was einem wichtiger ist: Ein bisschen mehr Geld und dafür weniger Aussagekraft der BWA oder der Verzicht auf ein bisschen Geld und dafür bessere Kostenkontrolle. Ein Patentrezept dürfen Sie an dieser Stelle nicht von mir erwarten. Aber doch ein paar Gedanken, die Ihnen bei Ihrer Entscheidung helfen können:

Für Ihre BWAs geben Sie Monat für Monat erheblich Geld aus. Wenn diese keine Aussagekraft haben, ist die BWA eigentlich nicht mehr als ein teuer bezahltes, aber faktisch wertloses Stück Papier.

Eine aussagekräftige BWA aber ist ein äußerst wichtiges Steuerungsinstrument für Ihr Unternehmen. Wenn Sie Ihrer BWA beispielsweise entnehmen, dass die Wareneinsatzquote schlechter wird, Sie aber nicht feststellen können, ob es an mangelnder Sorgfalt in der Küche liegt oder an verschiedenen Pauschalangeboten, kann Ihnen das bisschen Mehrerlös sehr teuer zu stehen können. Da mag ein bisschen weniger Geld und deutlich mehr Information doch eher der richtige Weg sein.

Wenn Sie freilich ein Haus führen, in dem Reisegruppen und Pauschalangebote das tägliche Brot sind, summieren sich die Mehrerlöse im Laufe eines Jahres möglicherweise doch zu sehr beachtlichen Werten zusammen. Sie müssen dann aber andere Wege beschreiten, um dennoch Ihr Unternehmen professionell steuern zu können. In diesem Fall sollten Sie sich beim Thema Kalkulation etwas intensiver mit der Deckungsbeitragsrechnung beschäftigen.

Ob Sie also der nach wie vor prinzipiell richtigen Regel, dass alle Rabatte zu Lasten des Bettes gehen, auch weiterhin folgen, oder ob Sie auf Grund der neuen Umsatzsteuerregelung davon abweichen, hängt jeweils vom Einzelfall ab.

Für jede bedeutsame Erlösart ein eigenes Konto

Wenn Sie noch weitere Geschäftsfelder haben, sollten Sie auch Ihre Erlöse entsprechend trennen, so dass sich beispielsweise folgende Erlöskonten ergeben könnten:

- Erlöse Übernachtung
- Erlöse Frühstück
- Erlöse Restaurant 7 % Umsatzsteuer
- Erlöse Restaurant 19 % Umsatzsteuer
- Erlöse Bankette
- Erlöse Catering 7 % Umsatzsteuer
- Erlöse Catering 19 % Umsatzsteuer
- Erlöse hauseigene Events
- Sonstige Erlöse

Häufig findet man darüber hinaus noch eine Aufschlüsselung zwischen *Speisen und Getränken*. Dies kann durchaus sinnvoll sein, wenn Sie beispielsweise das Gästeverhalten diesbezüglich steuern wollen, oder wenn, was nicht selten der Fall ist, die Wareneinsatzquote bei Speisen und Getränken deutlich unterschiedlich ist. Denn entscheidend für die Aufteilung von Erlöskonten ist stets die Frage: Wann ist ein Erlöskonto für die Steuerung des Unternehmens relevant?

Das ist es immer dann, wenn es sich entweder um in der Höhe nennenswerte Umsätze handelt oder um Umsätze, die man aus besonderen Gründen verfolgen will.
Letzteres trifft zu, wenn man ein neues Geschäftsfeld eröffnet. Wenn man zum Beispiel ins Catering-Geschäft einsteigt, ist es wichtig zu sehen, welche Umsätze man mit diesem neuen Geschäftsfeld erzielt – selbst dann, wenn diese anfangs im Verhältnis zum Gesamtumsatz nicht ins Gewicht fallen.
Selbstverständlich kann es auch bei den Erlösen im Übernachtungsbereich weitere sinnvolle Unterteilungen geben, zum Beispiel dann, wenn es unterschiedliche Gästegruppen gibt wie

- Tagesgäste/Einzelreisende
- Seminargäste
- Busgruppen

Gut aufgeschlüsselte Erlöse zeigen rasch Handlungsbedarf auf

Eine entsprechende Erlösaufteilung liefert Zahlen, die schnell aussagen, wo man zukünftig seine Bemühungen verstärken muss. Das wiederum hängt davon ab, wie wichtig die einzelnen Erlöse für die Unternehmensführung sind.
Ich erinnere mich an einen Betrieb mit mehr als 40 Erlöskonten, darunter eine Position Postkarten mit einem Jahresumsatz von weniger als 50 €, während es auf der anderen Seite kein eigenes Erlöskonto für *Erlöse aus Seminaren* gab, obwohl das Haus über einen großen Seminarbereich verfügte, in dem es gehobene sechsstellige Umsätze tätigte!
Solche Pannen passieren selbst in großen Häusern. Das Hotel, aus dem das letzte Beispiel stammt, hatte ansonsten eine vorbildlich organisierte Buchhaltung.

Kostenkonten

Genauso wichtig wie bei den Erlösen ist die Aufschlüsselung der Konten auf der Kostenseite.
Zwingend notwendig als einzelne Kostenkonten sind selbstverständlich *Wareneinkauf und Personalkosten*, da es sich dabei meist um die größten Brocken handelt.
Beim Wareneinkauf muss man zwischen Speisen und Getränken teilen, wenn man das auch bei den Erlösen gemacht hat.

Bei allen anderen Kostenarten gilt die gleiche Grundregel wie bei den Erlöskonten: Lassen Sie sich alles getrennt ausweisen, was Sie – aus welchen Gründen auch immer – genau kennen und kontrollieren wollen. Das können ganz unterschiedliche Kosten sein wie

- Energiekosten
- Kfz-Kosten
- Instandhaltungskosten
- Kosten für Werbung
- Zinsen
- Pachten
- Versicherungen

usw.

Die Position Sonstige Kosten so gering wie möglich halten

Meine „Lieblingsposition" auf BWAs sind die Sonstigen Kosten. Vor allem dann – und das habe ich schon oft erlebt –, wenn sie bis zu 20 % der Gesamtkosten ausmachen und eigentlich niemand weiß, was genau sich dahinter verbirgt. In den Kapiteln *Kosten und Controlling* beschäftigen wir uns unter anderem damit, wie man auch mit kleinen Maßnahmen hier und da die Kosten um ein paar Prozentpunkte senken kann. Da macht es sich natürlich nicht gut, wenn es auf der anderen Seite eine dicke Position *Sonstige Kosten* gibt, die von jeder Optimierung ausgeschlossen ist.
Glauben Sie mir: Kosten, die Sie nicht genau kennen, sind von jeder Optimierung ausgeschlossen. Und da, wo der Besen nicht hinkommt, liegt der meiste Dreck!

Welche Aufteilung von Erlösen und Kosten für Sie richtig ist, kann nur individuell festgestellt werden. In jedem Fall sind Sie gut beraten, wenn Sie Ihre Buchhaltung nach Ihren Vorstellungen organisieren und dann Ihrem Steuerberater mitteilen, wie Sie es haben möchten.

Dabei kann es gut sein, dass Sie dort erst einmal gegen einen gewissen Widerstand angehen müssen. Aus der Praxis weiß ich auch, dass es sich lohnt nachzuprüfen, ob Ihre Vorgaben wirklich alle umgesetzt sind. Betrachten Sie das nicht als Selbstverständlichkeit!

Wer diesen Schwierigkeiten aus dem Weg gehen möchte, kann die Buchhaltung auch selbst übernehmen. Es gibt heute sehr gute Programme für den PC, die jeden in die Lage versetzen, ordnungsgemäß zu buchen. Es reichen einige kaufmännische Grundbegriffe und die Bereitschaft, sich in der Benutzung der Software ein wenig schulen zu lassen. Die Buchführung im eigenen Haus hat unschätzbare Vorteile. Wenn Sie regelmäßig buchen, erhalten Sie alle Daten und Auswertungen absolut zeitnah und nicht erst mit einigen Wochen Verzögerung. Dies ermöglicht es Ihnen, auf anstehende Probleme und Schwierigkeiten noch schneller zu reagieren. Denken Sie einmal darüber nach.

Nachfolgend will ich ein Beispiel für eine BWA aufzeigen und anschließend noch einige wichtige Begriffe erklären. Die Aufteilung der Konten kann in Ihrem Fall natürlich ganz anders aussehen. Die Werte sind rein fiktiv.

BEISPIEL

Position	Monatswert	kumul. Wert (in €)
Erlöse Übernachtung	8 500	35 700
Erlöse Restaurant 16 %	15 300	68 350
Erlöse Restaurant 7 %	1 200	4 300
Erlöse Bankette	5 600	26 600
Summe Erlöse	**30 600**	**134 950**
Wareneinsatz	9 850	41 350
Rohertrag	**20 750**	**93 600**
Personalkosten	8 200	35 600
Energie	2 500	9 700
Werbung	800	3 200
Kfz	600	2 710
Instandhaltung	800	2 500
Verwaltung	1 600	6 900
Sonstiges	1 700	7 250
Summe Betriebskosten	**16 200**	**67 860**
Betriebsergebnis 1	**4 550**	**25 740**
Zinsen/Pacht	1 750	7 000
Cashflow	2 800	18 740
Abschreibungen	1 800	6 400
Ergebnis	**1 000**	**12 340**

Erläuterung der Einteilung und der wichtigsten Begriffe

Die BWAs weisen in der Regel zwei Spalten auf, eine für die Werte des aktuellen Monats und eine für die kumulierten Werte des Jahres, also für die bisher im ganzen Jahr in den einzelnen Kontenbereichen aufgelaufenen Werte.

Der *Rohertrag* gibt die Differenz zwischen den Erlösen, also den Umsätzen und dem Wareneinkauf, wieder.
Das *Betriebsergebnis* 1 ist das Ergebnis, das Ihr Unternehmen ohne Kapitaleinsatz erwirtschaften würde, das heißt, was der reine Betrieb abwirft. Wer hier langfristig zu einem Minus kommt, sollte wissen, dass es billiger wäre, den Laden geschlossen zu halten!
Der *Cashflow* ermittelt den reinen Zahlungsüberschuss und berücksichtigt dabei auch Zinsen sowie die Pachtzahlungen.
Das *Ergebnis* bezieht schließlich auch noch die Abschreibungen mit ein, Kosten, die keine unmittelbaren Zahlungen bedingen.
Die *Abschreibungen* finden sich in den meisten BWAs unter den Betriebskosten. Dies ist zwar betriebswirtschaftlich nicht falsch, ich halte die hier vorgegebene Darstellung jedoch für übersichtlicher, weil so im Betriebsergebnis 1 nur Positionen auftauchen, die auch mit Zahlungen verbunden sind, also direkte Auswirkungen auf die Liquidität des Unternehmens haben.

Die Wareneinsatzquote, die in diesem Beispiel nicht zur Anwendung kommt, finden Sie wahrscheinlich auch auf Ihrer BWA. Gegebenenfalls finden Sie diesen Wert als Prozentangabe in der Zeile Wareneinsatz. Es ist ein Prozentwert, der das Verhältnis von Wareneinsatz zu Umsatz wiedergibt.

Achtung bei der Ermittlung der Wareneinsatzquote

Im Normalfall wird hier zur Berechnung der Gesamtumsatz herangezogen. Das ist falsch, wenn Sie auch Übernachtungsumsätze haben! In diesem Fall dürfen Sie dem Wareneinsatz nur die Umsätze aus *Speisen und Getränken* gegenüberstellen.
Unser Beispiel verdeutlicht das: Wenn ich den Gesamtumsatz nehme, errechnet sich eine Wareneinsatzquote von 30,6 %. Das sieht sehr gut aus, ist aber nicht richtig, da im Gesamtumsatz auch 35 700 € Umsatz aus Übernach-

tung stecken, die aber gar keinen Wareneinsatz bedingen. Dieser Wert muss herausgenommen werden. Mit den berichtigten Zahlen ergibt sich eine Wareneinsatzquote von 41,7 %, die keineswegs mehr als gut zu bezeichnen ist.

Klar strukturierte und gut lesbare BWAs sind wichtige Instrumente der Unternehmenssteuerung. Dazu müssen diese Tabellen allerdings Daten enthalten, die für Ihre Arbeit in Ihrem Unternehmen von Bedeutung sind.
Ihr Steuerberater ist dazu da, Ihnen solche Auswertungen Monat für Monat zur Verfügung zu stellen, deshalb müssen Sie mit ihm übereinkommen, welche Daten er Ihnen wie aufschlüsselt und zusammenstellt, damit Sie die BWAs sinnvoll zur Unternehmenssteuerung einsetzen können.

CHECKLISTE

- Haben Sie eine Soll-Buchhaltung?
- Haben Sie für alle verschiedenen Erlösarten eigene Erlöskonten?
- Schlüsseln Sie Ihre Mischerlöse (Pauschalen bei Übernachtung mit Frühstück bzw. weiteren Speisenleistungen) so auf, dass eventuelle Preisnachlässe zu Lasten des Bettes gehen?
- Sind Ihre Kosten in aussagekräftige Gruppen gegliedert?
- Haben Sie die Gruppe Sonstige Kosten so klein wie möglich gehalten?
- Bezieht sich Ihre Wareneinsatzquote ausschließlich auf Speisen und Getränke?

KOSTENKONTROLLE

Ein Grundproblem in sehr vielen Betrieben ist heutzutage die sehr niedrige Eigenkapitaldecke. Dadurch geraten manche Unternehmen schon bei scheinbar kleinen Schwierigkeiten in bedrohliche Schieflagen. Rasch wird die Liquidität eng, zumal Banken und Sparkassen bei weitem nicht mehr so großzügig mit Kontokorrentkrediten aushelfen wie früher.

Eine ganz wichtige Maßnahme der Existenzsicherung ist daher eine strenge Kostenkontrolle. Dabei geht es wohlgemerkt nicht darum, dass Sie in Ihrem Betrieb auf Gedeih und Verderb alle Kosten drosseln sollen. Selbstverständlich muss ein einwandfreier Betriebsablauf gewährleistet sein.

Unter dieser Voraussetzung müssen jedoch sowohl die Fixkosten als auch die variablen Kosten so niedrig wie möglich gehalten werden.

Fixkosten

Kostenarten

Fixkosten sind vom Umsatz unabhängig

Wir wollen uns zuerst den Fixkosten zuwenden, denn sie stellen ein besonderes Gefahrenpotenzial dar. Der Grund dafür liegt darin, dass sie unabhängig vom Umfang der getätigten Geschäfte entstehen. Sie fallen nämlich auch dann an, wenn die Umsätze schlecht sind.

Deshalb erzeugen die Fixkosten den größten Erfolgsdruck. Um diesen wenig hilfreichen Druck zu verringern, ist es notwendig, die Fixkosten so weit als möglich abzusenken, denn Umsatz allein bringt noch keinen Gewinn, gesparte Fixkosten aber fast immer. Zu den Fixkosten zählen unter anderem

- Kreditraten
- Pachtzahlungen, so weit diese nicht vom Umsatz abhängig sind
- Personalkosten der fest angestellten Mitarbeiter
- Versicherungen
- Langfristig gebuchte Werbung (Katalogeinträge usw.)
- Leasingraten

Kreditraten

Wenn Darlehen erst einmal laufen, lassen sich deren Raten meist nur noch schwer senken. Deshalb ist es wichtig, vor einer Kreditaufnahme genau zu planen und die richtigen Fragen zu stellen:

- Benötige ich die Investition wirklich?
- Erfüllt eine etwas kleinere Variante den geplanten Zweck auch?
- Habe ich ein wirklich preisgünstiges Angebot für meine Investition?

Unter dem Aspekt der Unternehmenssicherung ist die Höhe der monatlichen Rate für gewöhnlich wichtiger als der Zinssatz. Es hilft Ihnen nichts, dass Sie im Laufe einiger Jahre ein paar tausend € an Zinsen sparen könnten, wenn Sie auf Grund einer überhöhten Tilgungsrate vorher zahlungsunfähig sind.

Wenn es wirklich eng zu werden droht, sollten Sie mit Ihrer Bank über eine Streckung oder sogar eine zeitweise Aussetzung der Tilgung sprechen. Dadurch können Sie sich wieder Luft verschaffen. Sie müssen diese Zeit dann aber konsequent nutzen, um Ihren Betrieb nach vorne zu bringen. Aus diesem Grund wird Sie der Ansprechpartner Ihrer Bank vermutlich auch fragen, mit welchen Maßnahmen Sie Ihr Haus zukünftig nach vorne bringen wollen.

Pachtzahlungen

Die Marktlage ist auf Seiten der Pächter

In schwierigen Zeiten muss man den Verpächter auch auf eine eventuelle Pachtsenkung ansprechen. Der Markt ist derzeit klar auf Seiten der Pächter, denn es gibt wesentlich mehr zu verpachtende Objekte als geeignete Pächter.

Sicher ist es von Vorteil, wenn Sie mit Ihrem Verpächter schon darüber reden, solange Sie noch keine ernsten Zahlungsschwierigkeiten haben. Dann kann das Gespräch in einer freundschaftlichen Atmosphäre stattfinden, in der man leichter zu guten Ergebnissen kommt. Wenn hingegen schon Pachtrückstände aufgelaufen sind, wird das Gespräch nicht angenehmer. In vielen Fällen zwingen die wirtschaftlichen Gegebenheiten die Verpächter dennoch zum Einlenken.

Personalkosten

Eine besondere Bedeutung kommt den Personalkosten zu, da sie in den meisten Betrieben den größten Kostenblock ausmachen. Selbstverständlich kann man durch Personaleinsparungen am schnellsten Kosten reduzieren. Doch hier muss sorgfältig die Balance gehalten werden zwischen der notwendigen Leistung einerseits und einem möglichst geringen Personalaufwand andererseits.

Hüten Sie sich vor der „Todesspirale“

Wer hier zu heftig an der Personalkostenschraube dreht, dem droht etwas, das ich üblicherweise als „Todesspirale“ bezeichne.

Leider ist dieser Effekt immer wieder zu beobachten. Ein Gastronom gerät in Schwierigkeiten und versucht, diese durch Absenkung der Personalkosten, also durch Personalabbau, zu lösen. Kurzfristig verbessert sich tatsächlich die Lage, denn die geringeren Lohnkosten verbessern die Liquidität . Doch mittelfristig wird die Situation noch schwieriger. Denn die Gäste spüren die Auswirkungen der Personalreduzierung: Sie warten länger auf das Essen, die Qualität in der Küche lässt nach, weil alle ständig am Rotieren sind, usw. Die Folge davon ist, dass die Gäste unzufrieden werden und nicht wieder kommen.

Daraus resultiert ein weiterer Rückgang der Umsätze. Das anfängliche Problem ist wieder da, und in seiner Verzweiflung wiederholt der Gastwirt das Spiel noch einmal. Es folgt ein weiterer Personalabbau, die Leistung lässt noch weiter nach, noch mehr Gäste kehren dem Haus den Rücken, und die Umsätze gehen noch weiter runter.

Ich kenne einen Betrieb, der es fertig gebracht hat, auf diesem Weg den Umsatz innerhalb von nur 4 Jahren von 1 000 000 € auf 250 000 € herunterzubringen. Am Ende stand die Pleite!

Der Großteil aller gastronomischen Unternehmen sind Kleinbetriebe mit nur wenigen festen Mitarbeitern. Hier wachsen Personalkosten nicht kontinuierlich, sondern sprunghaft. Ein Beispiel: Wenn Sie, um Ihre Geschäftszeiten auszufüllen, statt zwei Köche drei brauchen, nehmen Ihre Personalkosten in der Küche um 50 % zu! Da kann es billiger sein, die Öffnungszeiten zu reduzieren, also beispielsweise den schwächsten Tag der Woche zum Ruhetag zu machen, oder mittags zu schließen, um weiterhin mit zwei Köchen arbeiten zu können.

Langfristig gebuchte Werbung

Kennen Sie die „Gewissensberuhigungswerbung?" Nein? Ich nenne es so, wenn Unternehmer mehr oder weniger ziellos Geld für Anzeigen und Katalogeinträge ausgeben, weil sie das ungute Gefühl beschleicht, mal wieder etwas Werbung machen zu müssen.
Geben Sie für solche Dinge nur dann Geld aus, wenn es Teil einer gesamten Vermarktungsstrategie ist. Dazu können Sie mehr im Kapitel Erlössteigerung nachlesen.

Weitere Maßnahmen zur Senkung der Fixkosten

Ich möchte noch ein paar Beispiele anführen, wo Einsparpotenzial im Bereich der Fixkosten liegt.

Telefon auf den Zimmern

Der Hotelgast erwartet, dass sein Hotelzimmer mit einem Telefon ausgestattet ist. Dennoch haben die meisten Gäste ihr eigenes Handy dabei und benutzen den Festnetzanschluss auf dem Zimmer eigentlich nur, um kostengünstig zurückgerufen zu werden.

Leisten Sie sich noch eine Telefonanlage in Ihrem Hotel?

Als Hotelier sollten Sie ernsthaft darüber nachdenken, ob der Betrieb einer teuren Telefonanlage noch zeitgemäß und wirtschaftlich vertretbar ist. Eine Alternative bieten Handys, die für wenig Geld zu erstehen sind. Dabei können Sie sogar einen Extraservice leisten.
Bieten Sie Ihren Gästen an, dass sie gegen eine geringe Gebühr während des Aufenthalts in Ihrem Hause mit einem Handy ausgestattet werden, das sie nicht nur im Haus benutzen, sondern tagsüber sogar mitnehmen können. Auf diese Weise bekommen Ihre Gäste auf Wunsch – und gegen Bezahlung – sogar mehr, als ihnen das Haustelefon bieten könnte. So machen Sie eine Kosteneinsparung zum Service-Plus. Wer schon ein eigenes Handy dabei hat, braucht diesen Service nicht und kann daher auch aufs Telefon auf dem Zimmer verzichten.

Auto

Ein anderes Thema ist das liebe Auto. Ich weiß, wer eine Schwäche für tolle Karossen hat, kann hier möglicherweise nur schwer widerstehen. Aus kaufmännischer Sicht muss aber klar festgestellt werden: Ein Auto hat lediglich nützlich zu sein. Was darüber hinausgeht, ist reiner Luxus!

Das Auto, die heilige Kuh

Jeder muss sich selbst die Frage stellen, ob er bereit ist, für diesen Luxus mehr Geld auszugeben, als wirtschaftlich sinnvoll und vertretbar ist. Gerade in kleinen Betrieben ist es ein erheblicher Unterschied, ob monatlich 400 € oder 1000 € für den Wagen aufgebracht werden müssen. Die Differenz bedeutet beispielsweise, dass Sie jeden Tag zusätzlich zwei gut konsumierende Speisegäste nur dafür brauchen, um den Kostenunterschied der beiden Fahrzeuge zu decken. Hinzu kommt ein weiterer wichtiger Aspekt, den ich leider schon häufiger erleben musste: Wenn Sie einmal in Schwierigkeiten geraten sollten und Sie beispielsweise Ihre Bank um Ratenstundungen oder Ihren Lieferanten um Zahlungsaufschub ersuchen oder Sie gar Ihre Mitarbeiter um Verständnis dafür bitten, dass sich die Gehaltszahlungen verzögern, macht es sich gar nicht gut, wenn Sie einen 7er-BMW vor der Tür stehen haben.

Grundsätzlich gelten diese Überlegungen für alle Vereinbarungen, die Sie treffen und die eine langfristige Zahlungsverpflichtung nach sich ziehen. Im Einzelnen mag es dabei nicht um große Beträge gehen, in der Summe aber werden sie entscheidend. Einsparmöglichkeiten hat nahezu jedes Unternehmen. Man muss sich nur dranmachen, sie zu finden. Und halten Sie sich nach Möglichkeit keine heiligen Kühe!

Variable Kosten

Arten variabler Kosten

Im Zuge der Unternehmenssicherung müssen alle Kosten auf den Prüfstand. Auch die variablen Kosten, also die Kosten, die abhängig sind vom Umfang des Geschäftsganges, dürfen keinesfalls vernachlässigt werden. Am wichtigsten dabei dürfte der Wareneinsatz sein. Aus diesem Grund werden wir uns dem Thema Kalkulation an späterer Stelle ausgiebig widmen.

Zuvor aber möchte ich noch auf einige andere variable Kosten hinweisen und Wege aufzeigen, positiv darauf einzuwirken: Zu nennen sind dabei insbesondere die Aufwendungen für Energie. Vor allem in Hotels gibt es häufig erhebliche Einsparpotenziale im Bereich der Energiekosten.

Auch Kleinvieh macht Mist!

Dabei gilt die Maxime: Auch Kleinvieh macht Mist! Im Normalfall finden sich nämlich in den Bereichen Energie und Versorgung keine großen Posten, die sich ausräumen lassen, aber viele kleine, die in der Summe zu nennenswerten Beträgen führen, wie zum Beispiel

- Heizung
- Wasser
- Strom

Heizung

Gerade in der kühleren Jahreszeit mögen es Ihre Hausgäste, wenn es im Zimmer kuschelig warm ist. Um das zu gewährleisten, stellen die Gäste meist selbst schon morgens, ehe sie ihr Zimmer verlassen, die Heizung hoch. Wenn sie abends wiederkommen, sind die Zimmer jedoch nicht selten dermaßen überheizt, dass erst einmal kräftig gelüftet wird, und Ihr gutes Geld weht unbeachtet zum Fenster hinaus.

Sorgen Sie also dafür, dass die Zimmerdamen beim Säubern in den Zimmern bei abgedrehter Heizung kurz und kräftig lüften und danach die Heizung auf Zimmertemperatur (18 bis 21 °C) einstellen. Wenn Ihre Heizungsanlage ordnungsgemäß funktioniert, werden die Gäste bei ihrer Rückkehr warme Zimmer vorfinden; wenn sie es wesentlich wärmer wünschen, können sie die Heizung dann selbst höher einstellen.

Wasser

Ähnlich verhält es sich mit dem Wasser. Es ist nicht nötig, dass man mit dem Nass aus der Warmwasserleitung Tee aufgießen kann. Wenn Sie die Wassertemperatur um einige Grad senken, werden Sie im Laufe eines Jahres spürbar Geld sparen. Außerdem verkalken dann die Leitungen nicht so schnell.

Strom

Auch die Beleuchtung im Haus kostet viel Strom und damit Geld. Energiesparende Leuchtkörper sind in der Anschaffung zwar teurer, aber die geringeren Energiekosten und die lange Lebensdauer dieser Birnen machen sie schnell zu einer lohnenden Investition.

Zwischendurch Licht kontrollieren

Achten Sie grundsätzlich auf die Beleuchtung in Ihrem Hause! Oft werden Lampen schlichtweg vergessen, so dass am helllichten Tag oder in ungenutzten Räumen das Licht brennt. Obwohl es auch hier im jeweiligen Einzelfall nur um ein paar Cent geht: Irgendwann ist es eben der eine Cent zu viel, der ausgegeben wird. Optimierung heißt eben auch auf kleine Schwächen achten.

Einbindung der Mitarbeiter

Binden Sie die Mitarbeiter ein

Kosten einsparen funktioniert grundsätzlich nur, wenn Sie das Personal in Ihre Anstrengungen einbeziehen. Weisen Sie daher Ihre Mitarbeiter intensiv darauf hin, dass sie alle Möglichkeiten der Kosteneinsparung beachten sollen.

Dazu müssen Sie Ihren Mitarbeitern begreiflich machen, dass Energiesparen nicht zuletzt dem Erhalt ihrer Arbeitsplätze dient. Der Vorteil für die Mitarbeiter liegt schließlich klar auf der Hand: Kosteneinsparungen sind ein entscheidendes Instrument der Unternehmenssicherung. Und Unternehmenssicherung bedeutet Arbeitsplatzsicherung. Daran sollte in unseren Tagen eigentlich ein jeder Interesse haben, der einen Job hat und ihn behalten will.

CHECKLISTE

- Wie hoch sind Ihre monatlichen Kreditraten?
- Gäbe es im Bedarfsfall noch Möglichkeiten, diese zu strecken?
- Sehen Sie Möglichkeiten, mit Ihrem Verpächter über eine Pachtabsenkung zu verhandeln?
- Entspringen alle Ihre Werbeausgaben einem klaren Vermarktungskonzept?
- Welche Werbeausgaben können Sie künftig einsparen?
- Könnten Sie Personalkosten einsparen durch eine Änderung der Öffnungszeiten?
- Welche Aufgaben im Hinblick auf die Reduzierung der Fixkosten liegen noch vor Ihnen?
- Bis wann wollen Sie die anstehenden Arbeiten erledigen?

PREISKALKULATION

Nur wenige kalkulieren wirklich

Ein wichtiges Element kostenorientierter Unternehmensführung ist die Preiskalkulation. Meine Erfahrung zeigt mir, dass nur eine Minderheit der Gastronomen Preise wirklich kostenorientiert kalkuliert. Dabei wäre es für die meisten Betriebe eine relativ einfache Sache, weil für sie eine rein am Wareneinsatz ausgerichtete Kalkulation genügt. Größere Unternehmen müssen sicher mehr Aufwand betreiben, aber die weit überwiegende Zahl der Gastro-Unternehmer führt eher kleine Betriebe.

Produktkalkulation

Wieso kostet der Schweinebraten 8,90 € !?

Es gibt verschiedene Wege, wie man die Preise für Produkte ermitteln kann, von reiner Marktbeobachtung bis hin zu der an den Vollkosten orientierten Kalkulation. Welche Maßnahme aber ist für den normalen Gastronomen die richtige?

Grundsätzlich gibt es zwei Orientierungspunkte:

- Die Kalkulation liefert den Mindestpreis eines Produktes, damit alle Kosten gedeckt sind.
- Die Marktbeobachtung liefert den Höchstpreis, für den die Ware verkauft werden kann.

Beide Maßnahmen sind unerlässlich. Je größer die Lücke zwischen den beiden ermittelten Werten ist, umso besser für Sie.

„Taschenlampenkalkulation“ reicht nicht

Marktorientierung

Die reine Marktorientierung wird scherzhaft auch „Taschenlampenkalkulation“ genannt. Zugrunde liegt das Bild des Gastronomen, der nachts durch den Ort schleicht und mit der Taschenlampe in der Hand die Preisaushänge seiner Mitbewerber studiert, um dann seine eigenen Preise daraus abzuleiten.

Natürlich ist es wichtig, ja unerlässlich, die Preisgestaltung der Konkurrenten zu kennen; aber es ist sehr gefährlich, allein daraus seine Schlüsse zu ziehen. Sie können beispielsweise alle Preise unterbieten. Leider wissen Sie aber nicht, ob Sie dann noch rentabel arbeiten. Sie wissen ja noch nicht einmal, ob Ihre Mitbewerber rentabel arbeiten.

Die eigenständige Kalkulation Ihrer Preise ist daher unverzichtbar. Was hilft es Ihnen, wenn Ihre Angebote noch so konkurrenzfähig sind, wenn Sie dabei nichts verdienen.

Vorgehensweise bei der Speisenkalkulation

Rezepturen sind unverzichtbar

Der erste Schritt der Speisenkalkulation ist das Erstellen von Rezepturen. Wenn Ihre Gerichte jedes Mal anders zubereitet werden, ist eine Kalkulation nicht möglich. Zudem haben Rezepturen zwei weitere Vorteile:

1. Sie betreiben Qualitätssicherung.
2. Sie schaffen sich ein Stück Unabhängigkeit vom Koch.

Letzteres ist sogar dann interessant, wenn Sie selbst der Koch sind. Verfügen Sie über Rezepturen, kann auch dann noch das gewohnte Angebot erbracht werden, wenn Sie – sei es urlaubs- oder auch krankheitsbedingt – nicht im Betrieb sind. Die Qualitätssicherung ist wichtig, weil gerade der Stammgast sich darauf verlässt, dass er das bestellte Gericht wie gewohnt erhält. Er freut sich auf ein ganz bestimmtes Essen und möchte es dann auch wie erwartet serviert bekommen. Neben diesen Effekten brauchen Sie eine klare und eindeutige Rezeptur als Grundlage für Ihre Kalkulation, die beispielsweise wie folgt aussehen kann:

BEISPIEL

Menge	Zutat
200 g	Schweinefleisch, durchwachsen
kleine Schale	Gemischter Salat oder Krautsalat
1	Semmelknödel

In einem zweiten Schritt ermitteln Sie die Einkaufspreise der Zutaten. Da sich die Preise laufend ändern, sollten Sie jeweils einen Mittelwert ansetzen. Sie müssen also die Preise über einen längeren Zeitraum beobachten und Ihre Ansätze wenn nötig korrigieren. Die Tabelle verändert sich wie folgt:

BEISPIEL

Menge	Zutat	Kosten
200 g	Schweinefleisch, durchwachsen	1,20 €
kleine Schale	Gemischter Salat oder Krautsalat	0,80 €
1	Semmelknödel	0,40 €
1	Saucen und Gewürze	0,20 €
Gesamtkosten		**2,60 €**

Damit haben Sie die reinen Warenkosten Ihrer Speise ermittelt. Dieser Wert dient als Grundlage für die Preisermittlung.
Um den kalkulierten Verkaufspreis errechnen zu können, müssen Sie als Nächstes festlegen, mit welcher Wareneinsatzquote bzw. mit welchem Aufschlagsatz Sie kalkulieren wollen.
Bei der Aufschlagmethode rechnet man Wareneinsatz mal Aufschlagfaktor. Die Formel dazu lautet:

WICHTIG

Wareneinsatz x Aufschlagfaktor = kalkulierter Preis

Wenn wir einen Aufschlagfaktor von 3 zugrunde legen, errechnet sich unser kalkulierter Verkaufspreis folgendermaßen: 2,60 x 3 = 7,80 €.
Ein Aufschlagfaktor von 3 entspricht einer Wareneinsatzquote von 33,3 %. Die Umrechung ist ganz einfach:

WICHTIG

Wareneinsatzquote = 100/Aufschlagfaktor

Die Errechnung des kalkulierten Preises läuft analog. In unserem Beispiel heißt das:

WICHTIG

Wareneinsatz/Wareneinsatzquote x 100 = kalk. Preis

Lassen Sie sich von den vielen Formeln nicht verwirren! In der Praxis ist das ganz einfach. Im Übrigen gibt es auch kinderleicht zu bedienende Excel®-Masken, in die Sie lediglich Ihre Zutaten eintragen und die dann das Rechnen für Sie übernehmen.

Mehrwertsteuer nicht vergessen!

Wenn Sie nun den kalkulierten Preis errechnet haben, gilt es, etwas Wichtiges zu beachten: die Mehrwertsteuer.
Normalerweise werden Sie die Einkaufspreise netto, also ohne Mehrwertsteuer, in Ihre Rechnung eingetragen haben, da Sie die Werte so Ihren Lieferantenrechnungen entnehmen. In diesem Fall dürfen Sie keinesfalls versäumen, die Mehrwertsteuer auf den ermittelten Rechenwert aufzuschlagen.

WICHTIG

Kalkulierter Preis x Mehrwertsteuersatz = kalkulierter Endpreis

In unserem Beispiel bedeutet das, dass wir die ermittelten 7,80 € noch einmal mit 1,19 multiplizieren müssen. Es ergibt sich ein Wert von 9,28 €.

Nun stellt sich die Frage, ob ich diesen Wert so auf meine Speisekarte übernehme. 9,28 € würden sich in der Speisekarte doch sehr ungewöhnlich ausmachen. Aber noch aus einem weitaus wichtigeren Grund muss bedacht werden, welcher Preis am Ende in der Karte steht. Hier kommt die Marktbeobachtung zum Tragen. Wie viel kann ich für einen Schweinebraten nehmen? Wie viel verlangen die Mitbewerber? Kann ich auf Grund meines Ambientes und meiner Warenpräsentation teurer sein als andere? Oder muss ich meine Konkurrenten vielleicht sogar unterbieten?

Der Endpreis orientiert sich an den Marktmöglichkeiten

Diese Fragen müssen Sie sich beantworten, ehe Sie den endgültigen Preis festlegen können. Nehmen wir an, Sie sind das erste Haus am Platz, Sie haben einen guten Ruf und machen Ihr Geschäft nicht in erster Linie über den Preis, so werden Sie feststellen, dass der errechnete Preis nicht übertrieben ist.

Anpassung der Höhe des Preises

Anschließend ist zu überlegen, ob Sie auch noch ein Stück höher gehen können.

Marktanalysen zeigen ganz deutlich, dass das Verbraucherverhalten sich an Schwellen orientiert. Es muss darüber nachgedacht werden, wovon Kaufentscheidungen abhängen. Wir werden uns im Kapitel *Erlössteigerung* noch damit beschäftigen.

An dieser Stelle reicht es festzuhalten, dass in den meisten Fällen, in denen ein Preis von 9,28 € durchsetzbar ist, auch 9,90 € genommen werden können. Wenn dem so ist, sollte dies der Preis auf Ihrer Speisekarte sein!

Es kann aber auch sein, dass sich der errechnete Preis auf dem Markt nicht durchsetzen lässt. In diesem Fall gibt es verschiedene Möglichkeiten, wie Sie darauf reagieren können.

1. Verringerung der Zutaten

Indem Sie beispielsweise den Salat weglassen, verringert sich der errechnete Abgabepreis in unserem Fall auf gut 6,40 €. Mit diesem Preis sind Sie sofort wieder konkurrenzfähig.

Eine andere Möglichkeit bestünde darin, die eingesetzte Menge an Fleisch von 200 Gramm auf 180 Gramm zu verringern.

Die Wareneinsatztabelle sähe dann wie folgt aus:

BEISPIEL

Menge	**Zutat**	**Kosten**
200 g	Schweinefleisch, durchwachsen	1,08 €
kleine Schale	Gemischter Salat oder Krautsalat	0,80 €
1	Semmelknödel	0,40 €
1	Saucen und Gewürze	0,20 €
Gesamtkosten		**2,48 €**

Der Wareneinsatz würde sich also um 12 Cent verringern und der kalkulierte Verkaufspreis auf 8,85 €. Damit könnten wieder problemlos 8,90 € als Preis in der Speisekarte stehen – auch inklusive Salat.

2. Produkt von der Speisekarte nehmen

Wenn Sie feststellen, dass Sie das kalkulierte Gericht nicht gewinnbringend verkaufen können, dann ist es meist besser, es schlicht und ergreifend von der Karte zu nehmen. Eine solche Entscheidung ist möglicherweise leichter zu treffen, wenn Sie sich zusätzlich den Deckungsbeitrag ansehen. Dazu kommen wir aber erst etwas später.

3. In den sauren Apfel beißen

Kann man auf das Gericht aus bestimmten und vor allem schwerwiegenden Gründen nicht verzichten, dann muss man eben ausnahmsweise in den sauren Apfel beißen. In diesem Fall sollte man dieses Angebot jedoch möglichst unauffällig auf der Karte platzieren.

In vielen Restaurants, und auch in manchen Gasthöfen, erhält der Gast vor seinem bestellten Gericht einen kleinen Gruß aus der Küche. Einige Köche verstehen es, aus Resten ganz kleine aber feine Gaumenkitzel zu zaubern. Häufiger aber erlebt man als Gast, dass einem ein Kräuterbutter- oder Quarktöpfchen auf den Tisch gestellt wird zusammen mit einer ansehnlichen Zahl von Baguettescheiben.

Für den Gast ist das eine wunderbare Sache. Meine Erfahrung zeigt mir aber, dass kaum ein Gastronom diese Zusatzleistung in seiner Kalkulation berücksichtigt. Und wenn Sie bedenken, was Brot kostet oder Kräuterbutter, werden Sie schnell erkennen, dass hier rasch ein zusätzlicher Wareneinsatz von 50 Cent anfällt.
In unserem Beispiel würde sich der Wareneinsatz also auf 3,10 € erhöhen. Daraus resultiert bei einem kalkulierten Wareneinsatz von 33 % ein errechneter Speisenkartenpreis von etwas mehr als 11 €. Ein sehr stolzer Preis für einen Schweinebraten!
Im Übrigen ist es auch aus verkäuferischer Sicht Unsinn, wenn Sie Ihren Gast schon vor dem Essen mit einer nennenswerten Menge belegter Brötchen abfüllen. Er soll stattdessen lieber nach dem Hauptgang in seinem Magen noch Platz für ein Dessert haben.
Das heißt nun nicht, dass Sie zukünftig ganz auf den Happen vorweg verzichten sollten. Aber beschränken Sie sich auf einen kleinen Appetitanreger und berücksichtigen Sie diesen in der *Kalkulation.*

Beschränken Sie sich auf einen kleinen Appetitanreger

Monatliche Inventur

Grundsätzlich müssen Sie bei der Preisfindung bedenken, dass Sie die kalkulierte Marge nicht erreichen können, wenn Sie nicht mehrere Produkte auf der Karte haben, die mit einem noch besseren Wareneinsatz kalkuliert sind als dem durchschnittlich angenommenen. Dies liegt daran, dass Warenschwund, beispielsweise durch Verderb oder möglicherweise sogar durch Diebstahl, in der Kalkulation nicht berücksichtigt werden kann.

Die rein am Wareneinsatz orientierte Kalkulation ermöglicht es, über den in den BWAs ausgewiesenen Wareneinsatz Kontrolle auszuüben. Wenn das wirklich funktionieren soll, bedarf es allerdings einer monatlichen Inventur. Aber auch das hört sich schlimmer an, als es wirklich ist. Eigentlich müssten Sie ja von der für den Jahresabschluss erforderlichen Jahresinventur her alle erforderlichen Instrumentarien dafür besitzen, also Listen aller gelagerten Waren und deren Preise. Wenn Sie diese in ein passendes Computerprogramm eingeben, wie beispielsweise

Excel®, dann heißt es nur noch zählen und wiegen. Die Ergebnisse liefert dann Ihr PC.

Die jeweilige Differenz zwischen den Lagerwerten der einzelnen Monate müssen dann im Monatsabschluss berücksichtigt werden. Wenn der Lagerwert gestiegen ist, ist der Überhang vom Wareneinkauf abzuziehen. Ist der Lagerwert gefallen, muss die Differenz dem Wareneinkauf zugeschlagen werden. Der Grund dafür liegt auf der Hand. Ist Ihr Lagerwert gestiegen, dann haben Sie weniger Waren verbraucht, als Sie eingekauft haben. Ist er gefallen, haben Sie zusätzlich zum Wareneinkauf auch noch Waren dem Lager entnommen.

Nutzen Sie die monatliche Inventur als Kontrollinstrument

Ein kleiner, aber keineswegs zu unterschätzender Nebeneffekt der monatlichen Inventur ist, dass es ein sichtbares Instrument der Kontrolle darstellt, das bestens dazu geeignet ist, diejenigen „Diebe“ abzuhalten, die ansonsten bei einer günstigen Gelegenheit ohne schlechtes Gewissen zugreifen würden.

Der klare Vorteil der hier dargestellten Kalkulation liegt in der leichten Überprüfbarkeit. Wenn ich mit einer Wareneinsatzquote von 33 % kalkuliere, kann ich aus meiner BWA sehr leicht ersehen, ob ich das insgesamt durchhalte.

Deckungsbeitragsrechnung

Neben der eben dargestellten Kalkulation, die sich am Wareneinsatz orientiert, steht die Kalkulationsmethode der Deckungsbeitragsrechnung. Sie wird von vielen Fachleuten als die bessere Kalkulationsmethode angesehen, hat aber durchaus ihre Nachteile.

Gegenüber einer rein am Wareneinsatz orientierten Kalkulation verbaut die Deckungsbeitragsrechnung eine direkte Kontrollmöglichkeit, weil jemand unter Umständen trotz einer mäßigen Wareneinsatzquote gute Gewinne machen kann. Man erkennt aber nur schwer, ob es hohen Schwund oder dergleichen gibt.

Ein weiterer Nachteil ist, dass die Deckungsbeitragsrechnung insgesamt komplizierter ist, auch wenn sie auf den ersten Blick einfacher aussieht.

Der Vorteil der Deckungsbeitragsrechnung liegt eindeutig in der größeren Flexibilität. Genau darin liegt auch die größte Gefahr, da sich hinter dem Schlagwort „Flexibilität“ auch Schlampigkeit und Unlust verstecken können.

Wer sich an die Deckungsbeitragsrechnung heranwagt, muss seine Küche gut im Griff haben, damit die Vorteile nicht durch die geringere Transparenz überladen werden. Wer jedoch seine Speisekarte optimieren will, wie ich an späterer Stelle zeigen werde, muss die Deckungsbeiträge seiner Gerichte kennen. Deshalb wollen wir uns – zumindest in einfacher Form – der Deckungsbeitragsrechnung zuwenden.
Der Name ist einfach zu erklären. Anders als bei der oben beschriebenen Methode beschäftigt sich die Deckungsbeitragsrechnung nicht mit Prozentsätzen, sondern mit Überschüssen in Euro und Cent. Die Deckungsbeitragsrechnung ermittelt welchen Überschuss der Verkauf eines bestimmten Gerichtes ergibt, wenn man vom Verkaufspreis die Kosten für den Wareneinsatz abzieht.
Diesen Überschuss bezeichnet man als Deckungsbeitrag, weil dieser Betrag als Beitrag zur Deckung aller anderer Kosten (Personal, Energie, Verwaltung, Pacht etc.) zur Verfügung steht.
Natürlich muss auch hier beachtet werden, dass der Speisekartenpreis inklusive Mehrwertsteuer angegeben wird und die Einkaufspreise in aller Regel ohne Mehrwertsteuer vorliegen. Aus diesem Grund werden stets die Nettopreise, also die Preise ohne Mehrwertsteuer, verwendet. Somit ergibt sich nachfolgende einfache Formel:

Deckungsbeitrag = Nettoverkaufspreis ./. Nettowareneinsatz

WICHTIG

Der Deckungsbeitrag ist also zunächst sogar einfacher zu ermitteln als der Verkaufspreis mittels der am Wareneinsatz orientierten Kalkulation. Allerdings erst, wenn der Verkaufspreis bereits feststeht!
Lassen Sie uns jetzt den Deckungsbeitrag anhand des Eingangsbeispiels errechnen.

Wir gingen in der Eingangsfrage dieses Kapitels davon aus, dass der Schweinebraten, den wir als Beispiel gewählt hatten, mit einem Preis von 8,90 € auf der Speisekarte steht. Bei einem Mehrwertsteuersatz von 19 % bedeutet dies einen Nettopreis in Höhe von 7,48 €.

Wenn wir nun davon die vorhin ermittelten 2,44 € Wareneinsatz (bei 180 g Schweinefleisch) abziehen, ergibt sich ein Deckungsbeitrag in Höhe von 5,04 €.

Diese Summe steht also beim Verkauf eines Schweinebratens (immer vorausgesetzt, Sie halten sich streng an Ihre Rezeptur) für die Deckung aller weiteren Kosten zur Verfügung. Mit ihm müssen anteilig Personal, Energie, Pacht und alle sonstigen Kosten abgedeckt werden.

Wann ist der Deckungsbeitrag gut?

Ob 5,04 € ein guter oder schlechter Deckungsbeitrag ist, hängt allerdings ganz von Struktur, Konzept und Marktposition Ihres Betriebes ab. Und genau da fängt die Deckungsbeitragsrechnung an, kompliziert zu werden.

Dieses Buch kann nicht alle Winkel der Deckungsbeitragsrechnung ausleuchten. Zu diesem Thema gibt es umfangreiche Werke.

Aber einen kleinen Einblick in weitere Überlegungen will ich dennoch geben.

Auswahl des geforderten Deckungsbeitrages

1. Welchen prozentualen Deckungsbeitrag müssen die Speisen liefern?

Für diese Frage gibt es keine allgemein gültige Antwort. Sie hängt sehr stark vom Betriebstyp ab, wie später erläutert wird. In unserer Beispielrechnung gehen wir zunächst davon aus, dass die Speisen 70 % der Deckungsbeiträge liefern sollen.

2. Wieviele Gerichte werden pro Jahr verkauft?

Die Kenntnis dieser Zahl ist erforderlich, da jedes verkaufte Gericht einen Deckungsbeitrag liefert. Es wird also festgestellt, mit wievielen Deckungsbeiträgen zu rechnen ist.

3. Wie hoch sind die Kosten außer den Warenkosten?

Aus Ihrer BWA oder aus Ihrem Jahresabschluss können Sie entnehmen, wie hoch die Summe aller Kosten ist, mit Ausnahme der Warenkosten. Diese Summe ist der mindestens zu erwirtschaftende Deckungsbeitrag.

Ermittlung des Mindestdeckungsbeitrags

Anhand eines Beispiels wollen wir nun den Mindestdeckungsbeitrag ermitteln.

BEISPIEL

Speisenanteil am Gesamtdeckungsbeitrag in %:	**70 %**
Anzahl verkaufter Gerichte pro Jahr	**25 000**
Summe aller Kosten außer Wareneinsatz	**180 000 €**

Wie von uns festgelegt, sollen die Speisen also 70 % der Deckungsbeiträge liefern. In unserem Beispiel bedeutet das, dass wir 70 % aus 180 000 € errechnen müssen, was 126 000 € ergibt.

Diese 126 000 € müssen nun von den 25 000 verkauften Speisen erwirtschaftet werden. Wir rechnen also 126 000 / 25 000. Das ergibt 5,04 € notwendiger Deckungsbeitrag pro Gericht.

Damit beantwortet sich – natürlich nur in diesem Beispiel – auch die Frage, ob die oben für den Schweinebraten ermittelten 5,04 € Deckungsbeitrag gut oder schlecht sind. Wir sehen, dass dieser Deckungsbeitrag gerade mal das Mindestmaß bedeutet, um die Kosten zu decken. Wir erwirtschaften dabei noch keinen Gewinn!

Doch Gewinn ist für unser wirtschaftliches Handeln unverzichtbar. Wenn wir aus der Summe aller verkauften Speisen wenigstens 25 000 € Jahresgewinn erhalten wollen, so muss der notwendige Deckungsbeitrag noch um einen € pro Gericht auf 6,04 € angehoben werden.

In der Praxis kann dies aber auch anders laufen. Die Marktverhältnisse zwingen uns unter Umständen den Preis bei 8,90 € für den Schweinebraten zu belassen. Dafür aber haben wir womöglich höherwertige Speisen, die einen höheren Deckungsbeitrag liefern können, der die Erlösmängel beim Schweinebraten ausgleicht.

Möglicherweise müsste der Wirt aus unserer Beispielrechnung aber auch noch einen anderen Schluss ziehen, nämlich den, dass er entweder unter Beibehaltung der bisherigen Kosten mehr Gäste ins Haus locken muss, oder dass er den bisherigen Geschäftsumfang mit geringeren Kosten bewältigen muss.

Wir wollen diese Gedanken kurz in unsere Beispielrechnung einbeziehen:

1. Mehr Gäste

BEISPIEL

Speisenanteil am Gesamtdeckungsbeitrag in %:	**70 %**
Anzahl verkaufter Gerichte pro Jahr	**30 000**
Summe aller Kosten außer Wareneinsatz	**180 000 €**

Der notwendige Mindestdeckungsbeitrag beläuft sich nun nur noch auf 4,20 €. Das bedeutet, dass wir beim Schweinebraten bereits einen Gewinn von 84 Cent einkalkuliert hätten.

2. Geringere Kosten

BEISPIEL

Speisenanteil am Gesamtdeckungsbeitrag in %:	**70 %**
Anzahl verkaufter Gerichte pro Jahr	**25 000**
Summe aller Kosten außer Wareneinsatz	**160 000 €**

In diesem Fall beläuft sich der Mindestdeckungsbeitrag auf 4,48 €. Es ist also zumindest ein Gewinn von 56 Cent im Schweinebratenpreis enthalten.

Deckungsbeitrag der Getränke

Natürlich besteht auch die Möglichkeit, dass unser Ansatz, der besagt, dass die Speisen 70 % des Deckungsbeitrages liefern sollen, falsch ist. Wohlgemerkt: Es handelt sich zunächst um eine bloße Einschätzung. In der Praxis hängt diese stark von der Art des Betriebes ab. Wer eine Kneipe betreibt, in der der überwiegende Teil des Umsatzes mit Getränken gemacht wird, kann logischerweise seinen Deckungsbeitrag nicht in erster Linie mit Speisen erzielen.

In unserem Beispiel wollen wir uns nun dem Deckungsbeitrag zuwenden, den die Getränke zu erzielen haben.

Dabei wollen wir Vorspeisen und Desserts einmal außer Acht lassen. Wenn mit den Speisen 70 % des Gesamtdeckungsbeitrages erzielt werden sollen, müssten folglich 30 % des Gesamtdeckungsbeitrages mit den Getränken erwirtschaftet werden.

Unsere Beispielrechnung kann also wie folgt aussehen

Getränkeanteil am Gesamtdeckungsbeitrag in %:	**30 %**
Anzahl verkaufter Getränke pro Jahr	**45 000**
Summe aller Kosten außer Wareneinsatz	**180 000 €**

30 % von 180 000 € sind 54 000 €. Diese 54 000 € müssen durch den Verkauf von 45 000 Getränken erwirtschaftet werden. Somit muss ein Getränk einen Mindestdeckungsbeitrag in Höhe von 1,20 € liefern.

Wenn ich die Hälfte des angepeilten Gewinns in Höhe von 25 000 € mit Getränken erzielen möchte, muss ich die Hälfte, also 12 500 € zum Deckungsbeitrag in Höhe von 54 000 € hinzuaddieren. Es ergibt sich somit eine Summe von 66 500 €. Teilt man diese Summe wiederum durch 45 000, also durch die Anzahl der verkauften Getränke, so muss jedes Getränk einen Deckungsbeitrag in Höhe von 1,48 € erbringen.

Wenn Sie also beispielsweise 90 € für einen Hektoliter Bier bezahlen, dann kostet Sie umgerechnet ein 0,3 l Glas im Einkauf 27 Cent. Schlägt man nun den Mindestdeckungsbeitrag von 1,48 € auf und gibt die Mehrwertsteuer hinzu, errechnet sich ein Kalkulationspreis von 2,08 € für das Bier.

Je nach Art des Getränks und abhängig von der Ausrichtung Ihres Betriebes und Ihren Einkaufspreisen kommen Sie gut oder weniger gut mit diesem notwendigen Aufschlag zurecht. In vielen Fällen aber wird sich zeigen, dass auch ein höherer Aufschlag realisierbar ist, zumal es viele Getränke gibt, die größere Aufschläge zulassen als Bier.

Wenn Sie nun beispielsweise feststellen, dass Sie durchschnittlich statt 1,48 € pro Getränk auch einen Deckungsbeitrag von 1,70 € realisieren können, hat das auch Auswirkungen auf Ihre Speisenkalkulation.

Der Grund dafür liegt darin, dass die Getränke nun einen höheren Anteil des Gesamtdeckungsbeitrages liefern. Denn nun erwirtschaften Sie mit den Getränken einen Deckungsbeitrag von 45 000 x 1,70 € = 76 500 €.

Nimmt man den Gesamtdeckungsbeitrag von 180 000 €, zzgl. einem geplanten Gewinn in Höhe von 25 000 €, so müssen insgesamt 205 000 € erarbeitet werden. Wenn davon 76 500 € von den Getränken kommen, verbleiben für die Speisen noch 128 500 €. Teilt man diese Summe durch die angenommenen 25 000 Hauptspeisen, so errechnet sich ein Mindestdeckungsbeitrag von 5,14 €, womit unser Schweinebraten aus dem Eingangsbeispiel annähernd das Ziel erreicht.

Natürlich lassen sich die Produkte und die damit verbundenen Kalkulationen noch weiter aufschlüsseln. Ich kann Wein anders kalkulieren als Bier, Rinderfilet und Garnelen anders als Schweineschnitzel und Putenbrust. In jedem Fall aber ist darauf zu achten, dass alle Produktgruppen zusammen mindestens 100 % des Deckungsbeitrags plus eines Gewinnaufschlages erbringen. Mehr ist nie ein Problem, weniger schon.

Die Deckungsbeitragsrechnung erlaubt eine differenziertere Kalkulation als die über die Wareneinsatzquote. Allerdings verlangt die Deckungsbeitragsrechnung hohe Aufmerksamkeit für den realen Wareneinsatz, da die simple Kontrolle über die BWA entfällt.

Die Deckungsbeitragsrechnung fordert also den Kaufmann im Wirt durchaus, aber sie ist – wenn sie vernünftig angewendet wird – ein sehr gutes Kalkulationsverfahren.

Zur Frage der Einbeziehung von Arbeitszeiten

Häufig werde ich gefragt, warum ich bei der Kalkulation die Arbeitszeiten nicht berücksichtige. Der Grund dafür ist einfach: Sie spielt für den überwiegenden Teil der Gastronomen keine Rolle, und eine exakte Zeiterfassung aller Arbeitsschritte wäre äußerst aufwändig.

Arbeitszeiten müssen bei großen Mengen berücksichtigt werden

Zeiterfassung spielt nur in sehr großen Betrieben eine Rolle, in denen jeder Arbeitsschritt tausendfach durchgeführt wird, also eher bei Massenproduktionen. In der Gastronomie spielt das eigentlich nur im Schnellimbiss eine Rolle. Für McDonald's macht es insgesamt eine Menge aus, ob die Mitarbeiter mit der Zubereitung eines Hamburgers 1 Minute oder 1 Minute und 30 Sekunden beschäftigt sind; denn diese 30 Sekunden fallen insgesamt ein paar Millionen Mal an (1 Million x 30 Sekunden sind über 8000 Stunden!), und damit geht es um viel Geld.

Der durchschnittliche gastronomische Betrieb ist anders gestrickt: Die zumeist kleine Küchenmannschaft ist ohnehin anwesend, und es gilt, sie zu beschäftigen. Solange Sie für die Bewältigung der gestellten Aufgaben kein zusätzliches Personal brauchen, spielt es daher keine Rolle, wie lange die einzelnen Arbeitsgänge genau dauern.
Im Catering allerdings, wo es unter Umständen um sehr große Mengen geht, kann Zeit sehr wohl eine Rolle spielen. Wer in diesem oder einem anderen gastronomischen Bereich hohe Umsätze macht und viel Personal beschäftigt, muss sich damit auseinander setzen. Da dies jedoch auf mehr als 95 % der Gastronomen nicht zutrifft, will ich hier nicht weiter ins Detail gehen.

Kalkulation eines Events

Mit einfachen Rechenformeln lässt sich ziemlich exakt berechnen, welchen Erfolg Sie bei einer Veranstaltung haben müssen, um sie rentabel durchzuführen.

Schritt 1: Kostenerfassung

Zuerst müssen Sie alle Kosten erfassen, die mit dem Event im Zusammenhang stehen.
Ich zeige das anhand eines Beispiels:

BEISPIEL

Position	Kosten (in €)
Gage Künstler	1000
Werbung	400
Deko	200
Zusätzliches Personal	350
Sonstiges	150
Summe	**2100**

Aus der Tabelle können Sie ersehen, dass Sie bereits einen Rohertrag in Höhe von 2100 € erzielen müssen, und zwar nur, um die Kosten der Veranstaltung zu decken.

Schritt 2: Festlegung der Wareneinsatzquote

Sie legen fest, mit welchem Wareneinsatz Sie kalkulieren wollen. Wenn es keinen Grund dafür gibt, hier von Ihren üblichen Werten abzuweichen, können Sie diesen Wert

Ihrer BWA entnehmen. Gehen wir in unserem Beispiel von einem Wareneinsatz von 33 % aus.

Schritt 3: Schätzung des Umsatzes pro Gast

Denken Sie darüber nach, welchen Umsatz Ihre Gäste durchschnittlich bei diesem Event machen werden. Wir gehen in unserem Beispiel von 25 € pro Gast aus.

Schritt 4: Festlegung des Eintrittspreises

Mit oder ohne ...?

Entscheiden Sie sich, ob Sie für Ihre Veranstaltung Eintrittsgeld verlangen wollen, und wenn Sie das tun, wie hoch es sein soll. Wir wollen zwei Beispiele nehmen: Einmal kostenlos und einmal 8 € Eintritt.

Schritt 5: Ermittlung des Rohertrags pro Gast

Jetzt beginnt das Rechnen. Aber keine Sorge, es wird nicht kompliziert.
In unserem Beispiel haben wir festgelegt, dass wir je Gast einen Umsatz von 25 € erwarten. Um den Rohertrag daraus zu ermitteln, müssen wir den Wareneinsatz berücksichtigen.
Der lag in unserem Beispiel bei angenommenen 33 %.
Die 25 € pro Gast sind 100 % des Umsatzes pro Gast. Wenn davon 33 % auf den Wareneinsatz entfallen, verbleiben nach Adam Riese 67 % für den Rohertrag (= Rohertragsquote).
Klare Sache, denn 100 minus 33 = 67.
Von jetzt an ist es ein Kinderspiel; der Rohertrag pro Gast errechnet sich ganz einfach:

WICHTIG

Rohertrag/Gast = Umsatz x Rohertragsquote

Übertragen auf unser Beispiel ergibt sich:
Rohertrag/Gast = 25 € x 67/100 = 16,75 €

Schritt 6: Ermittlung der notwendigen Gästezahl

Jetzt sind wir endlich bei der entscheidenden Frage: Wie viele Gäste brauche ich, damit sich mein Event lohnt?
Ich kenne meine Kosten, und ich weiß, was jeder einzelne Gast zur Deckung der Kosten beiträgt.
In unserem Beispiel trägt jeder Gast 16,75 € zur Kostendeckung bei. Insgesamt belaufen sich die Kosten auf 2100 €.

Wir gehen davon aus, dass kein Eintritt erhoben wird.
Die Rechenformel lautet:

Anzahl notwendiger Gäste = Gesamtkosten/Rohertrag pro Gast

WICHTIG

Übertragen auf unser Beispiel ergibt sich:
Anzahl notwendiger Gäste = 2100/16,75 € = 125

Das bedeutet, Sie brauchen 125 Gäste, nur um bei der Veranstaltung nicht draufzulegen. Von Gewinn ist bisher noch keine Rede!
Ein wenig günstiger sieht es aus, wenn Sie für die Veranstaltung Eintrittsgeld verlangen. Wir sagten, wir wollen als zweites Beispiel von 8 € Einritt ausgehen. Das bedeutet, dass sich der Rohertrag pro Gast um genau diese 8 € erhöht. In unserem Beispiel addieren wir also die 8 € zu den 16,75 € hinzu, und der Rohertrag pro Gast beläuft sich dann auf 24,75 €.
Somit können wir die Anzahl der notwendigen Gäste neu berechnen:

Anzahl notwendiger Gäste = 2100/24,75 € = 85

Auf Grund der so ermittelten Werte lässt sich leichter eine Entscheidung darüber fällen, ob man eine solche Veranstaltung durchführen möchte oder nicht.

CHECKLISTE

- Verfügen Sie für Ihre Speisen über Rezepturen?
- Überwachen Sie die Einstandspreise Ihrer Zutaten?
- Mit welcher Wareneinsatzquote möchten Sie kalkulieren?
- Haben Sie alle Ihre Gerichte am Wareneinsatz orientiert kalkuliert?
- Kennen Sie die Deckungsbeiträge Ihrer Gerichte?
- Kennen Sie Preise und Angebote Ihrer Mitbewerber?
- Können Sie es sich unter Umständen erlauben, etwas teurer zu sein als Ihre Mitbewerber, oder müssen Sie diese unterbieten?
- Welche Aufgaben im Hinblick auf die Preiskalkulation liegen noch vor Ihnen?
- Kalkulieren Sie Ihre Veranstaltungen vorher, oder verlassen Sie sich auf Ihr Glück?
- Bis wann wollen Sie die anstehenden Arbeiten erledigen?

CONTROLLING

Wozu Controlling?

Ich kenne eine ganze Reihe von Betrieben, die gute Umsätze und erfreuliche Gewinne erzielen, ohne dass die Inhaber genau wissen, woher die Gewinne eigentlich kommen. „Was soll das?“, denkt sich mancher, „Hauptsache Gewinn.“

Auf den ersten Blick scheint das ein gutes Argument zu sein, doch einer genaueren Betrachtung hält es nicht stand. Eines steht auf jeden Fall fest: Schreibt der Unternehmer morgen rote Zahlen, dann weiß er eben auch nicht warum, und das ist dann ein echtes Problem. Besonders bei etwas größeren Betrieben – und ich spreche da im Gastgewerbe von Umsatzgrößen durchaus schon ab 250 000 € – kann kein Betreiber mehr Überblick über alle Details seines Unternehmens haben, wenn er nicht über stabiles Datenmaterial verfügt.

Dazu zählen zunächst aussagekräftige BWAs (betriebswirtschaftliche Auswertungen), über die ich bereits im Kapitel Organisation der Buchhaltung geschrieben habe.

Controlling ist mehr als Kontrolle

Wer in seinem Kostenmanagement einen entscheidenden Schritt nach vorne machen will, muss schrittweise ein Controlling-System einführen. Dabei ist einerseits Controlling viel mehr als die wörtliche Übersetzung „Kontrolle“ vermuten lässt, andererseits ist es nichts, wovor man Angst haben müsste.

Bestandteile des Controllings

Das Controlling besteht aus vier Grundsäulen:

- Kosten- und Leistungsrechnung
- Planrechnung
- Soll-Ist-Vergleich
- Berichtswesen

Das Ziel des Controllings ist Erfolgssteigerung durch detaillierte Erfolgskontrolle. Einfacher ausgedrückt: Aus Fehlern lernen, um künftig besser zu sein. In der Praxis bedeutet das, dass man seine Kosten- und Erlösquellen stärker als bisher analysieren muss. Aus den daraus ge-

wonnen Erkenntnissen und gezogenen Schlüssen kann man gezielt Maßnahmen zur Kostensenkung bzw. zur Erlössteigerung treffen.
Ich weiß, das klingt sehr theoretisch und hört sich für viele unangenehm nach Betriebswirtschaft an. Aber keine Sorge! Es verbergen sich ganz konkrete Dinge dahinter, die den Erfolg und vielleicht sogar das weitere Überleben Ihres Unternehmens betreffen.

Es geht nur Schritt für Schritt

Manchmal wird der Versuch unternommen, fertige Controlling-Systeme von einem Tag auf den anderen einem Betrieb überzustülpen. Hier ist das Scheitern vorprogrammiert. In der Theorie eines betriebswirtschaftlichen Seminars mag so etwas funktionieren, aber nicht in einem lebenden Betrieb mit gewachsenen Strukturen. Nur ein langsames und schrittweises Einführen von Controlling-Maßnahmen kann zum erwünschten Erfolg führen.
Controlling scheitert, wenn man versucht, den Gastronomen in einen Controller zu verwandeln; deshalb versuche ich das erst gar nicht. Doch ich weiß aus meiner täglichen Arbeit, dass es zum Erfolg führt, wenn man Controlling individuell an die Bedürfnisse des Unternehmers anpasst, denn dann wird es zu einer spannenden Sache!
Im Folgenden werde ich Ihnen zeigen, in welchen Feldern Controlling insbesondere Anwendung findet, und was im Einzelnen getan werden kann.

Ziele setzen und definieren

Wissen Sie genau, was Sie wollen?

Wer treffen will, muss genau zielen! Zwar hört sich dieser Satz an wie eine Binsenweisheit, dennoch lohnt es sich, darüber nachzudenken. Dieser Spruch gilt nicht nur für Sportschützen, sondern für jeden, der nach Erfolg strebt. Jeder, der ein Unternehmen führt, sucht den Erfolg. Das Problem ist nur, dass manche sich nie klare Vorstellungen darüber machen, was sie eigentlich unter Erfolg verstehen. Nicht selten fehlt es an klaren Zielvorstellungen.
Hierbei geht es um Fragen wie

- Welche Unternehmensziele verfolgen Sie, das heißt, was wollen Sie mit Ihrem Betrieb und Ihrer Selbständigkeit erreichen?
- Wann wollen Sie diese Ziele erreicht haben?
- Was müssen Sie tun, um diese Ziele zu erreichen?

Schon die erste Frage, die klingt, als müsste jeder eine Antwort darauf haben, bleibt in Wirklichkeit bei der Mehrzahl der Unternehmer offen.

Ich habe das schon sehr oft untersucht, indem ich Gastronomen und Hoteliers nach ihren Unternehmenszielen gefragt habe. So unglaublich es klingen mag: Nur ein geringer Teil der Befragten war in der Lage, eine kurze und klare Antwort darauf zu geben. Manche suchen nach umständlichen Erklärungen, was nichts anderes ist als der Beweis, dass ein eindeutiges unternehmerisches Ziel bislang nicht definiert ist. Wieder andere bleiben die Antwort ganz schuldig. Doch wer seine Ziele kennt, ist normalerweise in der Lage, sie mit einem Satz zu beschreiben.

Ich will an dieser Stelle gerne einmal ein paar Antworten von Kollegen geben, die ihre Ziele kennen:

- „Ich will gastronomisch die Nummer 1 in unserer Stadt sein!“
- „Ich will mein Betriebsergebnis in den nächsten 3 Jahren um insgesamt 30 % steigern!“
- „Ich will die Wareneinsatzquote im kommenden Jahr auf unter 28 % drücken!“
- „Ich will mich in den nächsten 3 Jahren auch als Caterer am Markt profilieren und mindestens 150 000 € Umsatz/Jahr damit machen!“

Es gibt unendlich viele mögliche Ziele. Wählen Sie für sich Ziele, die zu Ihnen passen. Und bedenken Sie dabei drei Grundsätze:

- Nehmen Sie sich nicht zu viel vor!
- Achten Sie darauf, ob Sie Ihr Ziel auch wirklich in Angriff nehmen wollen!
- Vermeiden Sie Zielkonflikte!

Nicht alles auf einmal

Die Wichtigkeit dieser Grundsätze lässt sich leicht begründen: Wer sich zu viel vornimmt und gleich mehrere Ziele gleichzeitig anpeilt, läuft erheblich Gefahr, keines davon wirklich konzentriert und gezielt zu verfolgen. Dabei liegt der Schlüssel zum Erfolg gerade in der konsequenten Verfolgung eines Ziels. Nehmen Sie sich lieber eine Sache nach der anderen vor. Der Erfolg wird es Ihnen lohnen.

Sich frohgemut hohe Ziele zu stecken, ist nicht schwer. Die theoretischen Wünsche in die Wirklichkeit umzusetzen, allerdings schon. Deshalb sollten Sie sich selbstkritisch die Frage stellen, ob Sie das, was Sie anstreben, auch wirklich wollen.

Natürlich wollen Sie mehr Umsatz. Die Frage ist jedoch, ob Sie auch den beschwerlichen Weg dahin gehen wollen. Wie sagte der große Dichter Goethe einmal trefflich: „Alle wollen etwas sein, aber nur wenige wollen etwas werden."

Passen Ihre Ziele und Wünsche zusammen?

Wenn Sie beispielsweise dazu neigen, zukünftig eher weniger arbeiten zu wollen, um mehr Zeit für die Familie oder für Hobbys zu haben, wird das kaum in Einklang zu bringen sein mit zusätzlichen unternehmerischen Aktivitäten; zumindest nicht zeitgleich.

Um bei diesem Beispiel zu bleiben: Vielleicht kann das gelingen, wenn Sie erst durch ein verbessertes Zeitmanagement und dem Delegieren von Arbeiten, die Sie nicht zwingend selbst machen müssen, mehr freie Zeit für sich gewinnen. Danach können Sie entscheiden, ob Sie diese gewonnene Zeit für Familie und Hobbys verwenden oder doch für neue unternehmerische Herausforderungen.

In jedem Fall gehört es zur Zielauswahl, dass Sie sich zwei weitere Fragen stellen und Sie diese aufrichtig und ehrlich zu sich selbst beantworten:

- Was muss ich dafür tun?
- Bin ich wirklich bereit dazu?

Von jungen Unternehmern hört man öfter Sätze wie diesen: „Mein Ziel ist es, mich mit spätestens 45 Jahren zur Ruhe zu setzen!"

Ein klassischer Zielkonflikt! Ziele dienen nicht zuletzt der Motivation. Das Ziel soll mich immer und immer wieder dazu anhalten, fleißig und konsequent zu arbeiten. Wie aber soll das klappen, wenn es mein eigentliches Ziel ist, nicht zu arbeiten?! Hier steht das Ziel eindeutig dem Handeln im Weg. Hinzu kommt, dass Ziele, deren Erreichen viele Jahre, wenn nicht gar Jahrzehnte vor einem liegen, überhaupt nicht planbar sind.

Kosten einsparen – aber wie?

Ziele haben Konsequenzen

Von der Beantwortung der Ausgangsfragen, von den klar gesteckten Zielen, hängt unter anderem auch ab, in welchen Bereichen Kosten eingespart werden müssen und können.

Sollte es beispielsweise Ihr Ziel sein, alle Mitbewerber über den Preis auszustechen, dann werden Sie in allen Bereichen strengstens auf die Kosten achten müssen, ganz besonders bei den Personalkosten und beim Wareneinsatz. Ihr Hauptaugenmerk werden Sie auf die Standardisierung von Arbeitsabläufen legen, streng an den Kosten orientierte Produktauswahl und auf günstige Einkaufsquellen.

Vermeiden Sie Zielkonflikte

Wollen Sie sich hingegen über Ihren überdurchschnittlichen Service profilieren, werden Sie dieses Ziel nicht durch massive Einsparungen im Personalbereich erreichen können.

Die Zielorientierung trifft auch auf andere Kostenbereiche zu. Sie können schwerlich neue Produkte bzw. Dienstleistungen auf dem Markt platzieren und gleichzeitig Ihre Werbekosten reduzieren. Es wird Ihnen vermutlich auch nicht gelingen, Ihre Öffnungszeiten zu verlängern und gleichzeitig die Energiekosten zu senken. Ebenso werden Sie mit einer Erhöhung der Wasserkosten rechnen müssen, wenn Sie in Ihrem Hotel die Bettenauslastung steigern möchten. Natürlich ist, unabhängig von allen Zielen, Kostendisziplin von großer Wichtigkeit, aber geplante Kostensparmaßnahmen müssen an den unternehmerischen Zielen orientiert sein. Das setzt allerdings voraus, dass diese sehr klar definiert sind. Ein einfaches „Ich möchte mehr Umsatz erzielen!" reicht dafür nicht aus.

Die entscheidenden Fragen lauten hier:

- In welchen Bereichen sollen die Umsätze gesteigert werden?
- Mit welchen Mitteln soll dies geschehen?

Diese Fragen sind unerlässlich, und ihre Beantwortung ist von entscheidender Bedeutung für ein erfolgreiches Kostenmanagement. Haben Sie die Antworten auf diese Fragen schon einmal zu Papier gebracht?

Planzahlen

Wie wichtig die Festlegung unternehmerischer Ziele für das Kostenmanagement ist, habe ich im letzten Abschnitt erläutert. Um einen weiteren entscheidenden Schritt nach vorne zu kommen, ist es erforderlich, diese Ziele zu beziffern.

Die Schaffung von Planzahlen ist eine unabdingbare Voraussetzung für die Erfolgskontrolle. Benötigt werden diese Planzahlen für jeden Monat des kommenden Jahres, denn erst ein regelmäßiger und konsequent durchgeführter Soll-Ist-Vergleich zeigt auf, wo man steht.

Planzahlen sind unverzichtbar

Als Basis für alle Planzahlen dienen die Werte aus der Vergangenheit. Eine ganz einfache, allerdings mit erheblichen Schwächen behaftete Methode der Planung ist es, die Vorjahreszahlen als Sollwerte für das kommende Jahr zu verwenden. Als grobe Richtschnur mag das ausreichen, echte Planzahlen gewinnt man auf diesem Weg jedoch nicht.

Vorjahreszahlen genügen nicht

Die Gründe dafür sind leicht zu benennen: Die Verwendung der Vorjahreszahlen zielt nicht auf eine positive Entwicklung ab, sondern definiert das Festschreiben der Gegenwart als zukünftiges Ziel. Sinn und Zweck eines jeden Controllings ist es aber, besser zu werden, entweder durch Steigerung der Erlöse oder durch eine Reduzierung der Kosten. Man führt keine Instrumente des Controllings ein, nur damit alles beim Alten bleibt!

Deshalb müssen die Planzahlen unbedingt aufzeigen, in welchen Bereichen man positive Veränderungen erreichen möchte.

Freilich kann es besondere Umstände geben, unter denen das Erreichen der Vorjahreswerte als Erfolg betrachtet werden muss. In Zeiten globaler Wirtschaftskrisen, von denen selbstredend auch die Gastrobranche nicht verschont bleibt und Umsatzeinbußen verkraften muss, sind stabile Werte bereits ein Gewinn.

Doch erübrigen sich auch in diesem Fall echte Planzahlen nicht. Wenn ich nämlich mit rückläufigen Umsätzen rechnen muss, bin ich zwingend angehalten, auch meine Kosten entsprechend zu senken, um nicht in die Verlustzone zu geraten.

Und es gibt noch weitere Gründe, warum die Sollzahlen der einzelnen Monate von den entsprechenden Istwerten des Vorjahres abweichen; selbst dann, wenn die Jahressummen gleich sind. Denn es gibt bei der Erstellung der Planzahlen einige weitere wichtige Punkte zu bedenken.

Beispielsweise haben Verschiebungen bei den Ferienterminen oft Auswirkungen auf die Erlöse in den einzelnen Monaten. Es spielt in vielen Betrieben hinsichtlich des

zu erwartenden Umsatzes eine Rolle, ob ein Monat vier oder fünf Wochenenden hat. Von Bedeutung ist auch, ob möglicherweise im kommenden Jahr große öffentliche Veranstaltungen sind, die zusätzliche Umsätze bringen (zum Beispiel 500-Jahr-Feier der Stadt), oder aber Ihre Einnahmen verringern (100-Jahr-Feier des Sportvereins, der dafür ein eigenes Bierzelt aufstellt).
Zu beachten ist natürlich ebenso, ob solche Veranstaltungen bereits im Vorjahr stattgefunden haben. Auch in diesem Fall müssen die Planzahlen – unabhängig von Ihren eigenen Zielen – abweichen.

Planzahlen müssen begründet sein

Solche und eine Reihe weiterer Überlegungen spielen bei der Schaffung von Planzahlen eine bedeutende Rolle. Ein unverzichtbarer Bestandteil aller Planrechnungen ist die Angabe von Gründen, weshalb man an die Realisierung derselben glaubt.
Planzahlen, die unerreichbar sind, frustrieren hingegen nur!

Mir fällt in diesem Zusammenhang ein Gastronom ein, der mich eines Tages zu sich gebeten hat, um eine Jahreszielplanung durchzuführen. Als ich bei ihm angekommen war, sagte er voller Stolz, er habe selbst schon seine Planzahlen aufgestellt und wolle sie nun mit mir durchgehen.
Die Planzahlen waren beeindruckend. Ein Umsatzzuwachs von fast 40 % bei mehr als einer Verdoppelung des Gewinns. Die Enttäuschung kam, als ich ihn fragte, wieso er gerade auf diese Zahlen gekommen sei.
Er antworte ehrlich und sagte: „Weil ich dann den Gewinn habe, den ich mir wünsche."
Ich fragte ihn daraufhin, ob er glaube, dass alleine deshalb mehr Gäste kämen, weil er das will. Ihm war klar, dass es nicht so ist.
Also machten wir uns neu an die Arbeit und fixierten, welche Aktivitäten im kommenden Jahr entwickelt werden, um das Geschäft zu beleben. Danach legten wir gemeinsam fest, welche zusätzlichen Umsätze das erbringen würde. Somit erarbeiteten wir uns neue Planzahlen, die zwar deutlich bescheidener ausfielen als die ersten, dafür aber realistisch waren.

Die Erstellung von Planzahlen ist technisch ganz einfach. Es ist, als würden Sie Ihre monatlichen BWAs für ein Jahr im Voraus schreiben.
Dazu verwenden Sie eine Tabelle, die wie eine BWA aufgebaut, aber zunächst noch nicht mit Beträgen gefüllt ist. Anschließend werden in diese Tabelle Monat für Monat die entsprechenden Werte eingetragen. Sie geben die erwarteten Erlöse, aufgeschlüsselt nach den verschiedenen Erlösarten ein, den angenommenen Wareneinsatz und die Kosten, die Sie im Zuge des Controllings einer intensiveren Betrachtung unterziehen wollen.
Auf diese Weise erhalten Sie eine Tabelle, die Ihre Planzahlen für das kommende Jahr enthält. Sie ist die Grundlage für das weitere Vorgehen im Controlling.
Ein Beispiel sehen Sie auf der folgenden Seite.

Erlöse	**Jan**	**Feb**	**Mrz**	**Apr**	**Mai**	**Jun**	**Jul**	**Aug**	**Sep**	**Okt**	**Nov**	**Dez**	**„Jan–Dez Gesamt“**
Zimmer	16000	18000	26000	24000	35000	42000	47000	49000	39000	33000	21000	28000	378000
Frühstück	3000	4000	5500	5000	8000	10000	11000	11500	9500	7500	4500	6000	85500
„Restaurant À la carte“	23000	24000	32000	32000	45000	47000	52000	55000	45000	40000	25000	30000	450000
Bankette	3000	3000	3000	3000	3000	3000	0	0	3000	3000	3000	3000	30000
Catering	1000	1500	1500	7000	2000	2000	2000	2000	2000	2000	1000	2500	26500
Sonstiges	1000	1000	1000	1000	1000	1000	1000	1000	1000	1000	1000	1000	12000
Summe	47000	51500	69000	72000	94000	105000	113000	118500	99500	86500	55500	70500	982000
WE (0,28)	13160	14420	19320	20160	26320	29400	31640	33180	27860	24220	15540	19740	274960
Rohertrag	33840	37080	49680	51840	67680	75600	81360	85320	71640	62280	39960	50760	707040
Kosten													
Personal	24000	24000	26000	26000	30000	30000	36000	36000	30000	24000	24000	28000	338000
Energie	3000	3000	3000	3000	3000	3000	3000	3000	3000	3000	3000	3000	36000
Werbung	1000	1000	1000	1000	1000	1000	1000	1000	1000	1000	1000	1000	12000
Verwaltung	3000	3000	3000	3000	3000	3000	3000	3000	3000	3000	3000	3000	36000
Instandh.	2000	2000	2000	2000	2000	2000	2000	2000	2000	2000	2000	2000	24000
Sonstiges	8000	8000	8000	8000	8000	8000	8000	8000	8000	8000	8000	8000	96000
Summe	41000	41000	43000	43000	47000	47000	53000	53000	47000	41000	41000	45000	542000
BE 1	–7160	–3920	6680	8840	20680	28600	28360	32320	24640	21280	–1040	5760	165040
Zinsen/Pacht	6500	6500	6500	6500	6500	6500	6500	6500	6500	6500	6500	6500	78000
Cashflow	–13660	–10420	180	2340	14180	22100	21860	25820	18140	14780	–7540	–740	87040
Afa	1500	1500	1500	1500	1500	1500	1500	1500	1500	1500	1500	1500	18000
Ergebnis	–15160	–11920	–1320	840	12680	20600	20360	24320	16640	13280	–9040	–2240	69040

Soll-Ist-Vergleich

Das Herzstück eines jeden Controllings ist der Soll-Ist-Vergleich. Wie bereits dargelegt, ist die Erarbeitung von Planzahlen die Voraussetzung dafür. Erst der Abgleich der Sollzahlen mit der Wirklichkeit erlaubt die nötigen Schlüsse, um ein Unternehmen auch erfolgreich durch möglicherweise schwieriges Fahrwasser zu steuern.

Ursachen ehrlich analysieren

Dabei reicht es freilich nicht aus, lediglich Zahlen miteinander zu vergleichen. Ganz wichtig ist, dass man die Gründe für eventuelle Abweichungen analysiert und die Erkenntnisse daraus schriftlich festhält. Ein ehrlicher, selbstkritischer Umgang mit sich selbst ist dabei unverzichtbar.

Wenn beispielsweise die Erlöse hinter den Erwartungen zurückbleiben, muss unbedingt ermittelt werden, woran das liegt. Die Ursachen können mannigfaltig sein: Schlechtes Wetter kann verantwortlich sein für Umsatzeinbußen oder ein nicht vorhersehbarer Lebensmittelskandal, der die Verbraucher verunsichert. Ebenso ist es möglich, dass der Unternehmer selbst Maßnahmen, die das Geschäft nach vorne bringen sollten, nicht ergriffen hat oder zumindest nicht so wie beabsichtigt. Um zukünftig besser und zielgenauer planen zu können, ist es zwingend erforderlich, entsprechende Analysen anzustellen.

Dies gilt natürlich keineswegs nur für negative Entwicklungen. Möglicherweise ziehen Sie noch mehr Nutzen aus den Erkenntnissen darüber, welche Gründe zum Erfolg geführt haben.

Selbstverständlich bedürfen auch die verschiedenen Kostenbereiche der besonderen Betrachtung. Wie steigende Personalkosten zu bewerten sind, hängt unter anderem von der Umsatzentwicklung ab. Sind die Erlöse stärker als erwartet gestiegen, ist es kein Problem, wenn auch die Personalkosten geringfügig höher ausfallen als geplant.

Unabhängig von der Art der Kosten ist es wichtig, dass überall dort, wo es zu wesentlichen Abweichungen der Istzahlen gegenüber den Planzahlen kommt, intensive Ursachenforschung betrieben und die Ergebnisse schriftlich festgehalten werden. Die schriftliche Fixierung ist dabei unerlässlich, damit Sie auch später noch etwas mit Ihren Erkenntnissen anfangen können.

Je öfter, umso leichter

Die angesprochene Ursachenforschung bedarf in aller Regel keines großen Aufwands, wenn sie zeitnah erfolgt. Je länger die zu bewertenden Ereignisse zurückliegen, desto schwieriger gestaltet sich die Suche nach Gründen. Wer also regelmäßig (zum Beispiel monatlich) einen Soll-Ist-Vergleich durchführt, wird auch die Ursachen für nicht vorhergesehene Entwicklungen rasch benennen und entsprechend reagieren können.

Für die zukünftige Entwicklung Ihres Unternehmens sind diese Erkenntnisse von unschätzbarem Wert. Einerseits verhindern Sie dadurch, dass Sie unnötige Fehler wiederholen, und andererseits erhalten Sie objektive Aussagen über Ihre Stärken, auf die Sie zukünftig setzen müssen.

BEISPIEL

Der Soll-Ist-Vergleich kann beispielsweise folgendermaßen aussehen:

Jahreszielplan – Musterhotel – Soll-Ist-Vergleich März

Erlöse	Soll	Ist	Differenz	Kommentar	Soll kum	Ist kum	Differenz
Zimmer	26 000	28 750	2 750	Zusätzliche Gruppe im Haus	60 000	64 070	4 070
Frühstück	5 500	5 890	390	Zusätzliche Gruppe im Haus	12 500	12 765	265
À la carte	32 000	35 469	3 469	Zusätzliche Gruppe im Haus	79 000	84 303	5 303
Bankette	3 000	2 868	–132		9 000	7 505	–1 495
Catering	1 500	250	–1 250	Keine Zeit für Akquise!	4 000	1 240	–276
Sonstiges	1 000	1 090	90		3 000	3 160	160
Summe Erlöse	69 000	74 317	5 317		167 500	184 241	16 741
WE	19 320	20 897	1 577	Günstigeren Lieferanten für Fleisch gefunden	46 900	47 473	573
Rohertrag	49 680	53 420	3 740		120 600	136 768	16 168
Kosten							
Personal	26 000	27 200	1 200	Zusätzliche Aushilfen wegen Gruppe	74 000	75 480	1 480
Energie	3 000	3 025	25		9 000	8 930	–70
Werbung	1 000	2 890	1 890	Neue Internet-Präsentation	3 000	4 995	1 995
Verwaltung	3 000	2 875	–125		9 000	9 274	274
Instandh.	2 000	1 967	–33		6 000	5 081	–919
Sonstiges	8 000	8 123	123		24 000	24 323	323
Summe Kosten	43 000	46 080	3 080		125 000	128 960	3 960
BE 1	6 680	7 340	660		–4 400	7 808	12 208
Zinsen/Pacht	6 500	6 140	–360	Weniger Überziehung	19 500	18 908	–592
Cashflow	180	1 200	1 020		–23 900	–11 100	12 800
Afa	1 500	1 497	–3		4 500	4 491	–9
Ergebnis	–1 320	–297	1 023		–28 400	–15 591	12 809

Planzahlen auf den Tag genau

Monatliche Planzahlen sollten in keinem Betrieb fehlen. Wer aber schon ein wenig Erfahrung hat in der Arbeit mit Planzahlen, der kann sie auch für jeden einzelnen Tag festlegen. Das mag auf den ersten Blick übertrieben wirken, doch bei genauerer Betrachtung ist das keineswegs so. Zunächst geht es dabei nur um die Planung der Erlöse. Alle Kosten bleiben im ersten Schritt außen vor. Die Erlöse aber können Tag für Tag geplant werden, weil in der Regel ein Mittwoch andere Umsätze bringt als beispielsweise ein Samstag und an einem Tag, an dem ich einen Event durchführe, selbstredend höhere Umsätze zu erwarten sind als an einem gewöhnlichen Tag.

Natürlich wird es kaum gelingen, an jedem einzelnen Tag die vorgegebenen Planwerte genau zu erreichen; darauf kommt es primär auch gar nicht an. Der Vorteil der täglichen Planung liegt in der noch besseren Steuerungsmöglichkeit, weil ich dann nicht nur monatlich rückblickend kontrollieren und bewerten kann, wie es im Vergleich zur Planung läuft, sondern sogar täglich. Das schafft die Möglichkeit, schon während des laufenden Monats auf evtl. Abweichungen von der Planung zu reagieren.

Die tägliche Umsatzplanung bringt natürlich nur dann den optimalen Nutzen, wenn sie täglich mit den Ist-Werten verglichen wird. So können die Tagesplanung und der tägliche Soll-Ist-Vergleich zum Beispiel so aussehen, wie in nachstehender Tabelle.

BEISPIEL

Tag	Wochentag	Soll-Umsatz	Ist-Umsatz	Differenz	Diff. Kum
1.	Samstag	2450,00	2398,70	-51,30	-51,30
2.	Sonntag	1800,00	1734,95	-65,05	-116,35
3.	Montag	650,00	682,10	32,10	-84,25
4.	Dienstag	650,00	590,90	-59,10	-143,35
5.	Mittwoch	650,00	732,45	82,45	-60,90
6.	Donnerstag	900,00	821,00	-79,00	-139,90
7.	Freitag	1600,00	1630,35	30,35	-109,55
8.	Samstag	2450,00	1968,40	-481,60	-591,15
9.	Sonntag	1800,00	1930,00	130,00	-461,15
10.	Montag	650,00	652,50	2,50	-458,65
11.	Dienstag	650,00	551,60	-98,40	-557,05
12.	Mittwoch	650,00	690,30	40,30	-516,75
13.	Donnerstag	900,00	905,55	5,55	-511,20

Tag	Wochentag	Soll-Umsatz	Ist-Umsatz	Differenz	Diff. Kum
14.	Freitag	1 600,00	1 690,30	90,30	-420,90
15.	Samstag	2 450,00	2 190,40	-259,60	-680,50
16.	Sonntag	1 800,00	1 790,40	-9,60	-690,10
17.	Montag	650,00	700,10	50,10	-640,00
18.	Dienstag	650,00	720,35	70,35	-569,65
19.	Mittwoch	650,00	620,40	-29,60	-599,25
20.	Donnerstag	900,00	1 190,40	290,40	-308,85
21.	Freitag	1 600,00	1 630,30	30,30	-278,55
22.	Samstag	2 450,00	2 320,85	-129,15	-407,70
23.	Sonntag	1 800,00	1 788,45	-11,55	-419,25
24.	Montag	650,00	660,00	10,00	-409,25
25.	Dienstag	650,00	624,45	-25,55	-434,80
26.	Mittwoch	650,00	690,30	40,30	-394,50
27.	Donnerstag	900,00	1 240,40	340,40	-54,10
28.	Freitag	1 600,00	1 650,50	50,50	-3,60
29.	Samstag	2 400,00	2 305,95	-94,05	-97,65
30.	Sonntag	1 800,00	1 880,45	80,45	-17,20
	SUMME	**39 000,00**	**38 982,80**	**-17,20**	

Nun könnte man auf die Idee kommen, dass man das auch ohne tägliche Planung erreichen könnte, indem man den Monatsumsatz durch die Anzahl der Monatstage teilt. Bei einem anvisierten Monatsumsatz von beispielsweise 30 000 € ergäbe sich rechnerisch ein Tagesumsatz von 1 000 € (bei Monaten mit 30 Tagen). Wollte man also nach 8 Tagen sehen, ob man in Sachen Umsatz auf Kurs ist, so könnte man annehmen, dass die Richtgröße 8 000 € beträgt (8 * durchschnittlichen Tagesumsatz von jeweils 1 000 €). In der Praxis aber kann eine solche Rechnung gefährlich trügerisch sein.
Wenn wir noch einmal einen Blick auf die Tabelle mit der Tagesplanung werfen, lässt sich dies deutlich aufzeigen.

Die Tabelle weist einen geplanten Monatsumsatz in Höhe von 39 000 € aus. Das sind umgerechnet pro Tag 1 300 €. Nach 8 Tagen beliefe sich also rein rechnerisch das Planziel auf 8 x 1 300, also auf 10 400 €. Die Summe der Erlöse beläuft sich zu diesem Zeitpunkt auf 10 558,85 €. Der Vergleich lieferte also das Ergebnis, dass man um knapp 160 € über dem angepeilten Ziel läge. Man könnte sich beruhigt zurücklehnen und mit dem Erreichten zufrieden sein.
Die auf den Tag genaue Analyse, die sich aus dem tagesgenauen Vergleich ergibt, zeigt uns aber ein ganz anderes

Rechnen Sie nicht mit dem Durschnittswert

Bild. Nach 8 Tagen liegt man nicht um knapp 160 € über dem Soll, sondern fast 600 € darunter! Der Grund dafür liegt darin, dass das Rechnen mit dem Durchschnittswert nicht die Unterschiede in den Umsätzen der einzelnen Wochentage berücksichtigt. In unserem Beispiel liegen in den betrachteten 8 Tagen zwei Samstage, die jedoch unter den Erwartungen blieben. Das Rechnen mit dem Durchschnittswert unterschlägt dies und führt daher zu falschen Schlüssen.

Bei real durchgeführten täglichen Soll-Ist-Vergleich hingegen erkenne ich, dass ich erheblich hinter meinen Zielen herhinke. Ich bin also angehalten, aktiv etwas gegen diesen negativen Trend zu unternehmen. Im aufgezeigten Beispiel stelle ich mir vor, dass der Gastronom beschlossen hat, ab dem dritten Donnerstag im Monat über das übliche Geschäft hinaus aktiv Cocktails zu verkaufen. Diese zusätzliche Aktivität verbessert die beiden letzten Donnerstag-Umsätze und rettet so das Monatsergebnis.

Neben den Erlösen lassen sich unter bestimmten Voraussetzungen auch die Kosten für jeden einzelnen Tag planen. Das Hauptproblem dabei liegt jedoch darin, dass es zum Teil sehr schwierig, häufig sogar unmöglich sein dürfte, die realen Kosten der einzelnen Tage zu ermitteln. So bräuchte man zum Beispiel eine tägliche Inventur, um den täglichen Wareneinsatz zu ermitteln. Das ist faktisch nur möglich, wenn man über ein Warenwirtschaftssystem verfügt. Dies dürfte aber nur bei wenigen großen Betrieben der Fall sein.
Ähnlich verhält es sich bei den Personalkosten. Wer hier die realen Kosten eines jeden Tages ermitteln will, bedarf eines Zeiterfassungssystems. Der weit überwiegende Teil aller Betriebe im Gastgewerbe verfügt jedoch nicht über eine solches System. Aus diesem Grund verzichte ich hier auch darauf, die tägliche Kostenplanung und den dazugehörigen täglichen Soll-Ist-Vergleich im Detail darzulegen, da dazu umfangreiche Ausführungen notwendig wären, die aber nur einen sehr kleinen Teil der Leser interessieren dürften.

Ich will aber nicht verschweigen, dass die tägliche Kostenplanung demjenigen, der die technischen Voraussetzungen dafür erfüllt, überaus wertvolle Erkenntnisse liefert. Auch gibt es da und dort Kompromisse, die man schließen kann, wenn beispielsweise kein Warenwirtschaftssystem vorhanden ist. Wer sich mit diesem Thema intensiver beschäftigen möchte, kann sich gerne an mich wenden. Dieses Buch aber will ich mit diesem sehr speziellen Thema nicht über Gebühr belasten.

Berichtswesen

Warum gehen die Geschäfte manchmal besser und manchmal schlechter? Vermutlich haben Sie sich diese Frage schon oft gestellt. Nur leider belassen es viele bei der Frage und suchen nicht konsequent genug nach Antworten. Dabei ist die richtige Antwort auf diese Frage ein entscheidender Schlüssel zum Erfolg.

Meist setzt sie sich wie ein Puzzle aus mehreren Teilen zusammen, und die meisten Puzzleteile sind bekannt; es wird lediglich versäumt, diese Teile zu einem Gesamtbild zusammenzufügen. Der Grund dafür liegt unter anderem darin, dass Ursachen von Erfolgsschwankungen meist nur momentan und im Einzelfall bemerkt werden. Obendrein fließen diese Erkenntnisse selten in eine systematische Betrachtung des Geschäftsverlaufs ein.

Erkenntnisse unbedingt schriftlich festhalten

Das ist allerdings kein Problem für denjenigen, der seine Gedanken und Überlegungen schriftlich festhält. Wer sich Notizen macht, kleine Berichte erstellt und diese geordnet ablegt, kann sich nach und nach ein rundes Bild machen und daraus weitaus besser Schlüsse für die Zukunft ziehen, als wenn er keine schriftlichen Unterlagen hätte.

Deshalb ist es auch beim Soll-Ist-Vergleich unerlässlich, dass Gedanken, Begründungen oder sonstige Erläuterungen schriftlich festgehalten werden.

Nicht umsonst ist das Berichtswesen eine der vier Säulen des Controllings. Es gibt verschiedene Stellen, wo ein Berichtswesen eingeführt bzw. erweitert werden kann. Eine Möglichkeit steht im Zusammenhang mit den monatlichen BWAs. Die nackten Zahlen sagen zumindest für den Laien meist nicht allzu viel aus. Deshalb sollten Sie für sich selbst monatlich einen kleinen Bericht dazu verfassen.

Hier sollten Sie – abseits der Zahlen – festhalten, wie der Monat gelaufen ist, welche speziellen Veranstaltungen es gab, welche besonderen Ausgaben getätigt werden mussten, ob es Stornos gegeben hat oder überraschende kurzfristige Buchungen. Es kann viele weitere Dinge geben, die man festhalten kann. Noch besser wird die Sache, wenn man Planzahlen hat, mit denen man die real erzielten Werte vergleichen kann. In diesem Fall sollte man sich zusätzlich Notizen darüber machen, wieso man zum Beispiel in einzelnen Bereichen seine Umsatzziele erreicht oder gar übertroffen und in anderen verfehlt hat.

Schonen Sie sich nicht!

Auch Kosten, die über dem Plan liegen, bedürfen der Kommentierung. Hier ist es ganz wichtig, dass man den Tatsachen ungeschönt in die Augen sieht und die Dinge benennt, wie sie sind. Die so genannte Betriebsblindheit, vor der sich niemand schützen kann, ist ein Problem dabei. Dieses kann man allerdings durch Hinzuziehen eines Außenstehenden lösen.

Ohnehin dürfte es für die meisten hilfreich sein, sich vor allem während der Phase des Einstiegs in ein Betriebs-Controlling professionelle Unterstützung von außen zu holen. Ein entsprechend geschulter Berater kann während des Übergangs beratend zur Seite stehen und helfen, den Überblick zu bewahren, die Daten richtig auszuwerten und angemessene Schlüsse zu ziehen.

Wenn Sie bislang nicht über Planzahlen verfügen, vergleichen Sie stattdessen die aktuellen Daten mit denen des Vorjahres. Aber wir haben schon festgestellt: Vorjahresdaten sind kein echter Ersatz für Planzahlen!

Wer regelmäßig seine BWAs auf diese Weise kommentiert, wird recht schnell Informationen erhalten, die wesentlich dabei helfen, zukünftig gute und Erfolg versprechende Beschlüsse zu fassen.

CHECKLISTE

Unternehmerische Ziele

- Wie lauten Ihre unternehmerischen Ziele?
- Mit welchen Mitteln wollen Sie diese Ziele erreichen?
- Bis wann sollen Ihre Ziele erreicht sein?
- Welche Anstrengungen sind dafür nötig? Welche Opfer müssen Sie bringen?
- Sind Sie bereit zu diesem Einsatz? Passt der Einsatz zu Ihrer sonstigen Lebensplanung, oder gibt es einen Zielkonflikt?

Wenn Sie bei der letzten Frage auf unüberwindliche Probleme stoßen, sollten Sie bei der ersten Frage noch einmal beginnen.

Verfahren des Controllings

- Verfügen Sie über Planzahlen für Ihr Unternehmen?
- Führen Sie regelmäßig eine Jahreszielplanung durch?
- Haben Sie Ihre unternehmerischen Ziele klar definiert?
- Führen Sie regelmäßig einen Soll-Ist-Vergleich durch?
- Kommentieren Sie den Soll-Ist-Vergleich schriftlich?
- Schreiben Sie kurze Berichte über besondere Ereignisse und Erfahrung bezüglich Ihres Unternehmens?
- Planen Sie Ihre Umsätze tagesgenau?
- Welche Aufgaben im Hinblick auf das Controlling liegen noch vor Ihnen?
- Bis wann wollen Sie die anstehenden Arbeiten erledigen?

Betriebswirtschaftliche Kennzahlen

In der Betriebswirtschaft kennt man eine Unzahl unterschiedlicher Kennzahlen. Für das Gastgewerbe sind in den meisten Fällen aber nur einige wenige wirklich von Bedeutung. Und diese wichtigsten wollen wir uns ansehen:

1. Wareneinsatzquote

Mit der Wareneinsatzquote haben wir uns bereits beim Thema Kalkulation ausführlich beschäftigt. Aus diesem Grund ist sie hier auch nur noch der Vollstandigkeit halber aufgeführt.

Wareneinsatzquote = Wareneinsatz / mit diesen Waren erzielter Umsatz

WICHTIG

Eine klare Aussage, welche Wareneinsatzquote gut oder schlecht ist, lässt sich nicht allgemein treffen. Das hängt von verschiedenen Faktoren ab: Welche Waren werden verarbeitet? Wird überwiegend mit frischen Produkten gearbeitet oder mit Fertigprodukten? Welche Mengen werden gekauft und verarbeitet?

Gerade der letzte Faktor, also die Mengen, in denen Waren gekauft werden, hat erheblichen Einfluss auf den Kaufpreis. Je größer die Menge, umso niedriger der Preis.

Auch sind Fertigprodukte in der Regel teurer als Frischprodukte. Teigwaren sind wesentlich billiger als Fleisch. Eine allgemeine Regel gibt es also nicht. Als grobes Raster möchte ich aber doch vorgeben, dass die Wareneinsatzquote nach Möglichkeit unter 40% bleiben sollte. Wer es unter 30 % schafft, ist entweder gut oder er verarbeitet nur einfache Produkte, wer am Ende unter 25 % landet ist sehr gut und wer gar noch die 20 %-Marke knackt, darf zu Recht stolz darauf sein.

2. Personalkostenquote (unter Berücksichtigung, ob Personengesellschaft oder Kapitalgesellschaft)

Die Personalkostenquote gibt das Verhältnis zwischen Personalkosten und Umsatz an. Sie sagt also aus, welchen prozentualen Anteil meines Umsatzes ich benötigte, um meine Personalkosten zu decken.

WICHTIG

Personalkostenquote = Personalkosten / Umsatz

Auch hier lassen sich keine allgemein gültigen Sätze vorgeben. Selbstredend ist diese Quote in einem Hotel viel niedriger als in einem Gastronomiebetrieb, da letzterer mehr Personal benötigt. Einen kleinen Hinweis finden Sie bei der 3. Kennzahl, die hier besprochen wird (Quote Wareneinsatz + Personalkosten).

Ein großes Problem bei der Bewertung der Personalkostenquote stellt die Arbeitskraft des Unternehmers selbst dar. Die meisten Betriebe im Gastgewerbe werden von Einzelkaufleuten geführt. Die individuelle Arbeitskraft des Unternehmers – und nicht selten auch die des Ehepartners – schlägt sich nicht in den Personalkosten nieder. Bei kleinen Betrieben resultieren daraus nicht selten sehr niedrige, also sehr gute Personalkostenquoten.

Wird der Betrieb hingegen als GmbH geführt, schlägt sich das Einkommen des Geschäftsführers, der ja bei kleineren Betrieben zumeist auch der Unternehmer ist, auch auf die Personalkosten nieder. Und nur in diesem Fall gibt die Personalkostenquote ein realistisches Bild wieder.

Beim Einzelkaufmann müssten zur Ermittlung einer realen Personalkostenquote zu den Personalkosten wenigstens noch die Privatentnahmen hinzugezählt werden.

3. Quote Wareneinsatz + Personalkosten

Wer viel mit frischen Produkten arbeitet, hat zwar weniger Warenkosten als der Kollege, der viel mit Fertigprodukten arbeitet, benötigt dafür aber mehr Personal in der Küche. Aus diesem Grund macht es durchaus Sinn, sich die Kombination aus Wareneinkauf und Personalkosten anzusehen:

Quote WE + Personalkosten = (Wareneinsatz + Personalkosten) / Umsatzerlöse

WICHTIG

Eine allgemein gültige Quotenempfehlung kann zwar auch hier nicht abgegeben werden, aber es gibt doch eine Faustregel, die besagt, dass diese Quote möglichst unter 67 % liegen sollte.

4. Lagerumschlaghäufigkeit

Alle Waren, die in Ihrem Lager liegen, nehmen nicht nur Platz weg und sind vom Verderb bedroht, sondern sie binden auch kostbares Kapital. Gerade im Hinblick auf die Wichtigkeit der Liquidität eines Unternehmens ist es dringend erforderlich, Lagerbestände möglichst klein zu halten.

Die Lagerumschlagdauer gibt an, wie lange es dauert, bis ein kompletter Warenbestand – zumindest dem Wert nach – abverkauft ist, bzw. wie oft dies in einem bestimmten Zeitintervall geschieht (Lagerumschlaghäufigkeit).

Um die Lagerumschlaghäufigkeit, bzw. die Lagerumschlagdauer zu ermitteln, benötigen Sie den durchschnittlichen Lagerbestand der einzelnen Monate und den durchschnittlichen Wareneinsatz.

Um den durchschnittlichen Lagerbestand zu ermitteln, nehmen Sie die zwölf Ergebnisse der monatlichen Inventuren eines Jahres zur Hand. Dann addieren Sie die in den Inventuren ermittelten Lagerwerte und teilen die Summe wiederum durch zwölf. Auf diese Weise erhalten Sie einen durchschnittlichen monatlichen Lagerbestand.
Genauso verfahren Sie mit den Wareneinsätzen, um einen durchschnittlichen monatlichen Wareneinsatz zu ermitteln.

Die Formeln zur Berechnung der Lagerumschlaghäufigkeit bzw. der Lagerumschlagdauer lauten:

WICHTIG

Lagerumschlaghäufigkeit pro Monat = durchschn. Wareneinsatz / durchschn. Lagerbestand

WICHTIG

Lagerumschlagdauer in Monaten = durchschn. Lagerbestand / durchschn. Wareneinsatz

Nehmen wir nun in einem Beispiel an, dass sich Ihr durchschnittlicher Warenbestand auf 10 000 € beläuft und der durchschnittliche Wareneinsatz auf 20 000 €.

Daraus resultiert, dass das Lager 2-mal im Monat umgeschlagen wird oder anders ausgedrückt, dass es einen halben Monat dauert, bis das Lager einmal abverkauft ist – zumindest dem Wert nach.

Wie die Einschränkung „zumindest dem Wert nach“ schon aussagt, belegt diese Berechnung keineswegs, dass wirklich jedes Teil aus dem Lager einmal abverkauft wurde, sondern nur, dass der durchschnittliche Lagerwert einmal abverkauft wurde. Natürlich wird es Produkte geben, die viel häufiger umgeschlagen werden (Brot, Salate etc.) und andere, die weitaus länger liegen als zwei Wochen (Weine, Gewürze). Für die betriebswirtschaftliche Betrachtung reicht zunächst die wertmäßige Betrachtung. Wer es genauer wissen möchte, muss diese Berechnungen allerdings für einzelne Warengruppen getrennt durchführen.

Ich weiß, dass Sie lieber etwas anderes lesen würden, aber auch bei der Lagerumschlaghäufigkeit gibt es keine fixen, allgemein gültigen Vorgaben. Wenn Sie aber die Quoten aus unserem Beispiel erreichen, liegen Sie sicher nicht schlecht.

5. Produktivität der Mitarbeiter

Je mehr Umsatz Sie mit Ihrem bestehenden Personal machen – je produktiver Ihr Personal also ist –, umso besser ist es. Schließlich müssen Sie Ihre Mitarbeiter aus dem Deckungsbeitrag bezahlen. Aus diesem Grund ist es hilfreich, sich anzusehen, wie hoch (oder evtl. auch wie niedrig) die Produktivität Ihrer Mitarbeiter ist. Dieser Wert ist leicht zu ermitteln:

Produktivität der Mitarbeiter = Umsatz / Personalkosten

WICHTIG

Wenn Sie beispielsweise einen Jahresumsatz in Höhe von 400 000 € erzielen und dafür Personalkosten in Höhe von 160 000 € einsetzen, beläuft sich die Produktivität Ihrer Mitarbeiter auf 2,50 € pro 1 € Personalkosten.

Ebenso wie bei der Personalkostenquote ist auch hier zu berücksichtigen, ob das Unternehmergehalt in den Personalkosten enthalten ist oder nicht.

6.Durchschnittsbon

Der Durchschnittsbon, also der durchschnittliche Umsatz pro Gast, lässt sich nicht allein aus Ihrer BWA errechnen. Denn neben dem erzielten Umsatz müssen Sie auch wissen, wie viele Gäste Sie im entsprechenden Zeitraum hatten. In manchen Kassensystemen lässt sich bei jedem Tisch die Gästezahl mit eingeben. Somit liefert Ihnen die Kasse am Ende des Monats die Gesamtzahl. Falls Sie diese Möglichkeit nicht haben, hilft nur entweder die gute alte Strichliste, oder ein Handstückzähler, ein kleines mechanisches Gerät, das auf Knopfdruck einen Zähler betätigt und mit jedem Druck weiterzählt. Solche Geräte sind für 30 bis 40 € zu erstehen.

Der Durchschnittsbon errechnet sich dann einfach:

WICHTIG

Durchschnittsbon = Umsatz / Anzahl der Gäste

Wenn Sie also einen Monatsumsatz von 20 000 € erzielen und in diesem Zeitraum 1 600 Gäste Ihren Betrieb besucht haben, so beläuft sich der Durchschnittsbon pro Gast auf 12,50 €.

Vereinzelt wurde mir das Problem geschildert, dass es bei der Erfassung der Gästezahl über die Kasse dann Schwierigkeiten gibt, wenn beispielsweise 4 Personen einen Tisch besetzen und später noch zwei Personen dazu kommen, weil die Änderung der Personenzahl eines Tisches sich meist später nicht mehr ändern lässt. Sie können dieses Problem weitgehend vernachlässigen, da es Ausnahmen sind, die das Ergebnis nicht wesentlich beeinflussen.

Wenn wir in unserem Beispiel von 20 Fällen ausgehen, in denen jeweils noch eine Person dazu gekommen ist, so hätte sich daraus ein Durchschnittsbon in Höhe von 12,35 € errechnet. Es gibt also keinen gravierenden Unterschied.

Wie hoch der Durchschnittsbon sein kann oder sein sollte, hängt in hohem Maße von Ihrem Angebot ab. Wenn Sie hochwertige Produkte verkaufen, müssen und werden Sie einen hohen Durchschnittsbon erzielen.

Wenn Sie nur wenige Plätze in Ihrem Restaurant haben, **müssen** Sie einen hohen Durchschnittsbon erreichen, weil Sie sonst nicht kostendeckend arbeiten können. Schließlich können Sie in diesem Fall kein Massengeschäft betreiben.

Umgekehrt kann der Durchschnittsbon in einem sehr großen Betrieb weitaus niedriger sein, da Sie Erlöse von vielen Gästen erzielen können. Bei einem hohen Platzangebot sollte der Durchschnittsbon sogar nicht allzu hoch sein, weil Sie es sonst schwer haben werden, alle Ihre Plätze zu besetzen. Denn ohne Frage gibt es mehr Leute, die bereit sind, pro Person 15 € auszugeben als solche, die 40 € ausgeben können und wollen.

Wieso Kennzahlen, wenn es keine klaren Richtwerte gibt?

Nun habe ich Ihnen eine Reihe von betriebswirtschaftlichen Kennzahlen präsentiert und in jedem einzelnen Fall dazu gesagt, dass ich Ihnen keine klaren Vorgaben geben kann, welche Werte nun anzuvisieren sind.

Ich habe mich bemüht, zu begründen, warum das nicht allgemein gültig möglich ist. Vielleicht stellen Sie sich dann aber die Frage, wieso Sie dann überhaupt diese Kennzahlen ermitteln sollten. Dies wiederum kann ich sehr wohl stichhaltig begründen.

Wenn Sie die Kennzahlen zum ersten Mal ermitteln, stellen Sie fest, wo Sie derzeit stehen. Und sobald Sie das wissen, können Sie daran arbeiten, besser zu werden. Das ist unabhängig davon, wie gut oder auch wie schlecht Sie bisher sind. Natürlich können Sie schnellere Fortschritte erzielen, wenn Sie bisher noch nicht allzu gut sind.

Die Kennzahlen dienen also vor allem der Optimierung Ihres Betriebes. Nicht so sehr der Stand Ihrer Kennzahlen ist von vorrangigem Interesse, sondern die Entwicklung Ihrer Kennzahlen, der Trend.

Wichtig ist die Entwicklung Ihrer Kennzahlen

Und unter diesem Blickwinkel wollen wir uns die Kennzahlen noch einmal betrachten:

1. Wareneinsatzquote:

Gute Entwicklung:	Die Wareneinsatzquote sinkt
Schlechte Entwicklung:	Die Wareneinsatzquote steigt oder stagniert

2. Personalkostenquote

Gute Entwicklung:	Die Personalkostenquote sinkt
Schlechte Entwicklung:	Die Personalkostenquote steigt oder stagniert

3. Quote Wareneinsatz + Personalkosten

Gute Entwicklung:	Die Quote sinkt
Schlechte Entwicklung:	Die Quote steigt oder stagniert

4. Lagerumschlaghäufigkeit

Gute Entwicklung:	Die Umschlaghäufigkeit steigt
Schlechte Entwicklung:	Die Umschlaghäufigkeit sinkt oder stagniert

Behalten Sie alle Faktoren im Auge

Selbstverständlich dürfen Sie bei Ihrem Streben nach einer gesteigerten Umschlaghäufigkeit nicht Ihr Angebot außer Acht lassen. Sie müssen weitgehend in der Lage sein, Ihr Angebot auch liefern zu können. Dabei ist es allerdings kein grundsätzliches Problem, wenn einmal ein Gericht ausverkauft ist. Vielmehr ist das für die Gäste ein Zeichen, dass Sie mit frischen Produkten arbeiten.

5. Produktivität der Mitarbeiter

Gute Entwicklung:	Die Produktivität steigt
Schlechte Entwicklung:	Die Produktivität sinkt oder stagniert

6. Durchschnittsbon

Gute Entwicklung:	Der Durchschnittsbon steigt
Schlechte Entwicklung:	Der Durchschnittsbon sinkt oder stagniert

Die letzte Aussage muss ich unter einen gewissen Vorbehalt stellen. Sicher ist es erstrebenswert, seinen Durchschnittsbon zu steigern. Das darf aber kein Selbstzweck sein. Gefährlich wird die Entwicklung dann, wenn Sie zwar den Durchschnittsbon steigern, sich dabei aber die Zahl Ihrer Gäste verringert.

Wenn Sie also, um auf unser obiges Beispiel zurückzukehren, durch Aufwertung Ihres Angebotes den Durchschnittsbon von 12,50 € auf 14,50 € anheben, dann macht das nur dann Sinn, wenn Sie durch diese Maßnahme nicht viel mehr als 200 Ihrer Gäste verlieren, da ansonsten der Gesamtumsatz sinken würde. Das wäre nur dann akzeptabel, wenn Sie in diesem Fall mit weniger Personal genauso gut auskämen, Sie also die Personalkosten senken könnten.

Es kann natürlich auch sein, dass Sie bewusst auf ein einfacheres Speisenangebot umstellen, um sich einer größeren Zielgruppe zu öffnen. Dann wird es sicher zu einem Absinken des Durchschnittsbons kommen. Aber in diesem Fall ist festzuhalten, dass eine solche Maßnahme nur dann erfolgreich ist, wenn die Gästezahl tatsächlich steigt. Das bedeutet in Umkehrung des eben gezeigten Beispiels: Wenn Sie Ihren Durchschnittsbon bewusst von 14,50 € auf 12,50 € absenken, müssen Sie im Gegenzug deutlich mehr als 200 zusätzliche Gäste gewinnen, damit sich die Maßnahme lohnt.

Grundsätzlich bleibt festzuhalten, dass – bei gleichbleibendem Angebot - zumindest eine geringe dauerhafte Steigerung des Durchschnittsbons schon deshalb erforderlich ist, weil die allgemeine Kostensteigerung (Löhne, Energie etc.) aufgefangen werden muss.

LIQUIDITÄTSPLANUNG

Das Herzstück der Unternehmenssicherung ist die Gewährleistung der Zahlungsfähigkeit. Das bedeutet: Sie müssen liquide sein.

Unter liquiden Mitteln versteht man vorhandene Barmittel, Guthaben auf Konten sowie eingeräumte Kreditlinien. Solange die Summe daraus größer ist als die Summe der kurzfristigen Zahlungsverpflichtungen, ist alles im grünen Bereich.

Bargeld ist kein Indiz für Liquidität

Leider erlebe ich immer wieder, dass der eine oder andere Unternehmer seine Liquidität allein auf der Basis seines Geldbeutels beurteilt. Das ist eine gefährliche Falle für Gastronomen. Denn da diese überwiegend Bareinnahmen tätigen, verfügen sie immer über Geld, selbst wenn sie eigentlich schon pleite sind.

Deshalb beschäftigt sich eine vernünftige Liquiditätsplanung ganz wesentlich mit den zu erwartenden Zahlungsverpflichtungen und stellt diesen die zu erwartenden liquiden Mittel gegenüber.

So lange sich dabei keine Engpässe abzeichnen, ist alles in Ordnung. Sieht man jedoch Schwierigkeiten auf sich zukommen, sollte man so früh als möglich darauf reagieren.

- Ist es möglich, eine geplante Investition noch ein wenig zu verschieben?
- Gibt es Gelegenheiten, durch Sonderaktionen zusätzliche Erlöse zu erwirtschaften?
- Kann ich mit einem Lieferanten einen Zahlungsaufschub aushandeln?
- Erhöht die Bank kurzfristig meine Kreditlinie?
- Kann ich durch persönliche Einschränkungen einen Engpass überbrücken?

Es gibt in aller Regel eine Fülle von Möglichkeiten, um auf anstehende Probleme zu reagieren. Wichtig ist in diesen Fällen, dass die Schwierigkeiten nur vorübergehender Natur sind.

Für die Liquiditätsplanung ist es von großer Bedeutung, auf Dinge zu achten, die **unerwartet** zu Problemen führen können:

- verzögerte Zahlungen durch Kunden,
- Forderungsausfälle,
- unvorhergesehene Reparaturen von Maschinen oder Autos,
- Wegfall oder Kürzungen von Kreditlinien.

Forderungsausfälle sind in der Gastronomie selten, wobei es sich dann jedoch meist um größere Beträge handelt, wie sie im Zusammenhang mit Veranstaltungen vorkommen. Hier müssen schon im Vorfeld die Zahlungsmodalitäten geregelt werden. Wer in Ihrem Haus seine Hochzeit feiern will, hat sicher auch kein Problem, sich mit Ihnen über Zeitpunkt und Art der Rechnungsbegleichung zu einigen.
Dramatisch wird es, wenn Kreditlinien gekürzt oder gar gestrichen werden. Hier wird in kürzester Zeit aus einem Engpass eine echte Zahlungsunfähigkeit. Um dies zu verhindern, sollten Sie ein gutes Verhältnis zu Ihrer Partnerbank pflegen. Informieren Sie Ihre Bank über Ihre Vorhaben und Planungen und holen Sie sich im Gegenzug die Sicherheit, langfristig auf Ihre Kredite bauen zu können.
Die nachfolgende Tabelle zeigt beispielhaft auf, wie eine solche Liquiditätsplanung aussehen kann:
Zunächst sollte im Detail geplant werden, am besten Woche für Woche

BEISPIEL

1. Kalenderwoche = 1. KW

Erwartete Einnahmen	
aus Tagesgeschäften	2 000 €
aus Familienfeier	500 €
Sonstiges	0 €
Summe erwarteter Einnahmen	2 500 €
Erwartete Ausgaben	
Wareneinkauf	2 000 €
Versicherungen	2 200 €
Jahresrechnung Werbepartner	1 800 €
Privatentnahme	500 €
Summe erwarteter Ausgaben	6 500 €

Aufstellungen dieser Art sollten dann für alle Wochen erstellt werden, wobei die Vorausschau mindestens ein

Vierteljahr, noch besser natürlich ein halbes oder gar ein ganzes Jahr umfassen sollte.

Die Summenwerte lassen sich dann in eine Gesamtübersicht übertragen. Dieser müssen allerdings die vorhandenen Liquiditätsreserven vorangestellt werden, also Barmittel, Kontenguthaben und eingeräumte Kontokorrent-Kreditrahmen.

Die Gesamtübersicht kann dann beispielsweise wie folgt aussehen:

BEISPIEL

Zeitraum	Zugänge	Abgänge	Liquiditätsreserve
Barmittel	1250		1250
KK-Kredit	10000	0	11250
Kontostand	2500	0	13750
1. KW	500	6500	7750
2. KW	4000	8000	3750
3. KW	4500	3500	4750
4. KW	4500	3500	5750
5. KW	5000	12000	-1250
6. KW	5000	3500	250
7. KW	5000	4000	1250
8. KW	6000	4500	2750
9. KW	5000	12000	-4250
10. KW	6500	3500	-1250
11. KW	6500	3500	1750
12. KW	6500	3500	4750
13. KW	6500	3500	7750
14. KW	6500	12000	2250
15. KW	7000	4500	4750

Der Tabelle ist zu entnehmen, dass die Liquidität in der 5. KW sowie der 9. und 10. KW nicht reichen wird. Es ist also erforderlich, dagegen Maßnahmen zu ergreifen. Beispielsweise kann man rechtzeitig zu seiner Bank gehen und um eine vorübergehende Ausweitung des Kontokorrentkredits auf 15000 € bitten. Wenn diese Anfrage frühzeitig kommt und ein aussagefähiger Liquiditätsplan beigefügt wird, stehen die Chancen, dass diese Ausweitung genehmigt wird, weitaus besser, als wenn man wartet, bis das Geld aus ist.

Wenn es mit der Erhöhung der Kreditlinie nicht klappt, muss man überprüfen, ob einzelne anstehende Zahlungen nach hinten verschoben werden können. Dazu ist es notwendig, mit einzelnen Lieferanten zu verhandeln.

Natürlich gibt es auch die noch bessere Möglichkeit, Anstrengungen zu unternehmen, um die Einnahmen zu steigern. Wenn es gelingt, die Erlöse zu verbessern, ist rasch die Liquidität geschaffen, die erforderlich ist, um den Engpass auch ohne fremde Hilfe zu meistern.

Erkennen Sie Engpässe frühzeitig!

Fest steht aber auf jeden Fall, dass ohne einen Liquiditätsplan die Engpässe meist nicht frühzeitig erkannt werden. Erst der Liquiditätsplan schafft die Möglichkeit rechtzeitig reagieren zu können.

Noch etwas zeigt sich in unserem Beispiel: Der dargestellte Liquiditätsplan macht deutlich, dass der Kontokorrentkredit absolut unverzichtbar ist, und dass er sehr häufig bis an die Grenze belastet und manchmal sogar überlastet wird. Die Bank wird dies über kurz oder lang kritisch betrachten.

Wenn der Kontokorrentkredit dauerhaft benötigt wird, ist es in jedem Fall besser, den Betrag, der dauerhaft benötigt wird, in ein reguläres Darlehen umzuwandeln, da dann die Zinsen weitaus geringer sind.

DAS KONZEPT ZUM ERFOLG

Individuelle Profilierung

Vorteile einer individuellen Profilierung

Der Prozess der Marktbereinigung stellt ein gnadenloses Ausleseverfahren dar, in dem sich zeigt, wer mit dem veränderten Konsumentenverhalten umzugehen weiß und wer nicht. Als ich mich vor Jahren entschlossen habe, mich als Berater speziell dem Gastgewerbe zuzuwenden, gab es dafür einen triftigen Grund: Das Gastgewerbe erschien mir in unseren Tagen eine besonders interessante Branche zu sein.
Ich hatte Recht damit!

Ursprünglich beschäftigte ich mich vorwiegend mit Krisenmanagement in Unternehmen der unterschiedlichsten Branchen. Es wird Sie nicht überraschen, dass Hotels und Restaurants überdurchschnittlich häufig betroffen waren; schließlich geht es der Branche seit Jahren nicht gut.
Bald aber merkte ich, dass die Ursachen für die Krise zugleich viele Chancen erbringen – für diejenigen, die bereit sind, sich den Herausforderungen zu stellen.

Vom Versorger zum modernen Dienstleister

Das Gastgewerbe befindet sich noch immer im Umbruch vom Versorger hin zum modernen Dienstleister. Lange Zeit sahen der Wirt ebenso wie der Hotelier ihre zentrale unternehmerische Aufgabe darin, den Gast gut zu bedienen und zu versorgen. Heute definiert sich die zentrale unternehmerische Herausforderung anders: Es gilt, den Gast überhaupt erst einmal ins Haus zu locken!
Um das zu schaffen, muss ein unverwechselbares Erlebnis geschaffen werden.

Mundpropaganda

Wir alle wissen, dass bei Gaststätten und Restaurants die Mundpropaganda die wichtigste Form der Werbung darstellt. Alle Gastronomen, die ich kenne, bestätigen mir, dass ihnen eben diese Propaganda hilft. Wie erklärt es sich dann, dass der eine großen Erfolg hat und der andere eher nur bescheidenen?

Es liegt daran, dass es zwei unterschiedliche Arten von Mundpropaganda gibt, die passive und die aktive Form.

Aktive und passive Mundpropaganda

Die passive Form funktioniert folgendermaßen: Jemand fragt einen Gast Ihres Hauses, ob er Ihr Restaurant empfehlen könne. Seine Antwort hängt von den bei Ihnen gemachten Erfahrungen ab. Danach wird er Ihr Unternehmen weiter empfehlen oder auch nicht. Das heißt, selbst wenn er eine Empfehlung ausspricht, so macht er das nur, wenn ihn jemand danach fragt. Es ist gut, wenn zumindest das passiert. Viel besser ist jedoch die aktive Mundpropaganda, denn hier läuft die Sache anders. Der Gast besucht Ihr Restaurant und ist von Ihrer Leistung begeistert. Deshalb erzählt er am nächsten Tag seinen Arbeitskollegen und seinen Freunden davon und macht sehr wirkungsvolle Reklame für Ihren Betrieb, ohne dass ihn jemand dazu auffordert. Es ist leicht nachzuvollziehen, dass diese Art der Werbung effektiver ist. Aber wie erzeugt man Begeisterung bei den Gästen? Wie bringen Sie Ihre Kunden dazu, von Ihrem Betrieb zu schwärmen?

Die Antwort lautet: Mit einem Konzept, das Ihnen eine individuelle Profilierung verschafft!

Bieten Sie etwas Besonderes!

Die Menschen sind auch heute noch bereit, Geld für gastronomische Leistungen auszugeben, aber sie sind wählerischer geworden. Dies gilt auf jeden Fall für das attraktive Abendgeschäft. Dort kommen die Gäste in der Erwartung, für Luxus Geld auszugeben. Dies bedeutet einerseits, dass sie bereit sind, gut zu bezahlen, und andererseits, dass sie dafür Luxus, also etwas Besonderes, erwarten. Dies müssen Sie Ihren Gästen bieten.

Warum kommen die Leute zu Ihnen?

In meinen Beratungen stelle ich meinen Kunden eine – zugegebenermaßen etwas gemeine – Frage:

WICHTIG

Warum sollen die Gäste ihr Geld gerade zu Ihnen tragen, wenn sie so viele Möglichkeiten haben, es woanders auszugeben?

Ich habe diese Frage schon Hunderten von Gastronomen gestellt und die unterschiedlichsten Antworten erhalten.

Die häufigsten möchte ich hier aufführen:

- „Weil wir gutes Essen haben“
- „Weil wir einen freundlichen Service haben“
- „Weil wir die Besten sind“
- „Weil wir das Geld brauchen“
- „Wegen unseres Ambientes“

Lassen Sie uns diese fünf Antworten einmal gründlich untersuchen. Sind sie geeignet, um sich aus der Masse der Anbieter herauszuheben?

„Weil wir gutes Essen haben“

Sie dürfen mir glauben: Ich kenne keinen Gastronomen, der nicht davon überzeugt wäre, dass er gutes Essen serviert. Das denken selbst diejenigen, bei denen es nicht stimmt. Und das ist ja auch ganz logisch, denn entweder kocht der Chef selbst, dann stellt sich diese Frage erst gar nicht, oder er lässt so kochen, dass es ihm selbst schmeckt. Und da Geschmäcker eben unterschiedlich sind, kann es vorkommen, dass sich der Geschmack des Chefs nicht mit dem der Masse deckt.

Gutes Essen allein genügt nicht!

Hinzu kommt, dass gutes Essen einfach eine Grundvoraussetzung für gastronomischen Erfolg ist und kein Alleinstellungsmerkmal sein kann. Da müssten ja alle anderen das Kochen verlernen.

„Weil wir einen freundlichen Service haben“

Der Service ist näher am Gast!

Verzeihung, aber es wäre ja noch schöner, wenn er unfreundlich wäre. Auch der freundliche Service läuft unter „Grundvoraussetzungen“. Doch um nicht falsch verstanden zu werden, will ich auch klar stellen, dass die Freundlichkeit im Service meines Erachtens wichtiger ist als die Leistungen der Küche. Ich weiß, dass Köche das nicht gerne hören, aber es ist die Wahrheit.

Ich möchte das mit einem kleinen Gedankenspiel beweisen. Stellen Sie sich vor, Sie gehen in ein Restaurant, das Sie mögen. Wenn nun einmal die Qualität des Essens nicht den gewohnten Ansprüchen gerecht wird, kann eine freundliche Servicekraft dies leicht wieder geraderücken. Ganz anders ist der umgekehrte Fall: Wenn Sie unfreundlich bedient werden und Sie pampige Bemerkungen entgegennehmen müssen, dann kann der Weltmeister der

Köche nicht dagegen ankochen; die von der Bedienung auf Sie übertragene schlechte Laune hat Ihnen nämlich den Appetit verdorben.
Trotzdem: So wichtig er ist, der freundliche Service allein rettet Sie nicht! Darüber hinaus muss man heute eigentlich erwarten, dass der Service nicht nur freundlich ist, sondern herzlich. Der Gast will spüren, dass er gern gesehen und gern verwöhnt wird.

„Weil wir die Besten sind"

Toll! Zumindest verfügt derjenige, der das von sich sagt über ein kerniges Selbstbewusstsein – oder er ähnelt eher dem Kind, das im Dunkeln laut singt, um seine Angst zu übertönen.
Sachlich ist es natürlich genau das, was es zu erreichen gilt: Der Beste zu sein. Die Frage ist nur: Der Beste worin? Solange man das nicht weiß, ist man sicher auch nicht der Beste!

„Weil wir das Geld brauchen"

Genial! Wenn das Leben nur so einfach wäre. Doch bekanntlich ist es das nicht. Klare Sache: Kein Kunde kommt deshalb zu Ihnen, weil Sie Geld brauchen.

„Wegen unseres Ambientes"

Schön, wenn es so ist, denn als Teil eines Konzeptes spielt das Ambiente, also Einrichtung, Atmosphäre, Musik usw., eine ganz entscheidende Rolle. Aber eine noch so schöne von einem tollen Innenarchitekten geschaffene Einrichtung wird die Gäste nicht überzeugen, wenn das Herz fehlt. Unsere Gäste wollen Emotionen!

Gilt auch für Hotels!

Ich will an diesen Beispielen zeigen, dass es nicht leicht ist, sich von anderen abzuheben. Das gilt genauso für Hotels. Auch hier ist es nicht getan, ein gutes Frühstück, saubere Betten und ein Fernsehgerät zu haben. Nicht, dass Sie darauf verzichten könnten, aber es reicht nicht, um die Gäste ins Haus zu locken.

Wie findet man seine individuelle Profilierung?

Nun sind wir an dem Punkt angelangt, wo wir uns damit beschäftigen müssen, wie man seine individuelle Profilierung findet und ein stimmiges Konzept daraus bastelt.

Das Thema muss zu Ihnen passen!

Das Wichtigste an einem Konzeptthema ist, dass es zu den Betreibern des Unternehmens, gleich ob Hotel oder Restaurant, passt, dass sie sich damit identifizieren können. Um es mit einem Beispiel zu sagen: Wenn jemand Motorradfahren nicht mag, sollte er keinen Biker-Treff betreiben!

Wie finde ich nun das zu mir passende Thema?
Oft schon habe ich die Erfahrung gemacht, dass offen daliegende Profilierungsmöglichkeiten einfach nicht gesehen werden. Das liegt meist daran, dass es sich dabei um für die Betreiber selbstverständliche Dinge handelt und sie deshalb das ganz Besondere daran gar nicht erkennen. Ein Blick von außen hilft hier viel!

Ich erinnere mich an einen Kunden, der eine Gaststätte betreibt, die 1596 erstmals als Gasthof urkundlich erwähnt worden ist. Das ist für sich schon eine sehr gute Profilierungsmöglichkeit, da Tradition nicht kopierbar ist, aber in unserem Fall geht die Geschichte noch weiter: Der Gasthof wird seit 1596 in einer Familientradition gehalten! Heute führt die 14. Generation den Betrieb. Bis etwa 1850 wurde der Gasthof sogar ausschließlich männlich weiter gegeben, also unter Beibehaltung des Familiennamens. Und dieser Familienname ist heute der Ortsname für eine Kommune mit rund 3000 Einwohnern! Welche ein Profilierungspotenzial lag hier brach!
Vermutlich wird Ihr Haus keine so sensationelle Geschichte bieten, aber Möglichkeiten, sich von anderen abzuheben, gibt es immer. Die Suche kann sich auf das persönliche Umfeld beziehen, auf Hobbys, Interessen und Neigungen, aber auch auf geschichtliche Begebenheiten, die mit dem Haus oder dem Ort in engerem Bezug stehen.

Wie erreicht man die Menschen?

In meinen Konzeptberatungen arbeite ich immer sehr gerne mit Flipcharts; sicher kennen Sie diese großen Schreibblöcke. Die meisten meiner Kunden staunen nicht schlecht, wenn ich in großen Lettern folgende Frage auf dem Blatt notiere:

WICHTIG

Was will ich Gutes tun?

Diese Frage ist kein Scherz und es geht mir dabei auch nicht um meine religiöse Überzeugung, sondern sie dokumentiert eine Grundvoraussetzung für ein gut funktionierendes Konzept. Der Grund dafür erschließt sich, wenn ich mir noch einmal vor Augen führe, was ich eigentlich erreichen will.

- Ich will, dass die Leute gut über meinen Betrieb reden.
- Ich möchte, dass Zeitungen, am besten auch Rundfunk und Fernsehen, darüber berichten.
- Ich will, dass die Leute von dem, was ich mache, begeistert sind.

Sie brauchen öffentliches Interesse

Es liegt auf der Hand: Wenn ich all das erreichen möchte, muss ich den Menschen etwas bieten, das einen gesellschaftlichen Wert darstellt. Ich muss ein Thema behandeln, an dem ein öffentliches Interesse besteht. Daher sind Themen, die beispielsweise etwas mit der Bewahrung von Traditionen oder mit der Verwendung regionaler Produkte zu tun haben, immer gut, denn daran besteht immer ein öffentliches Interesse.

Der Grund dafür liegt in der Internationalisierung oder besser gesagt Amerikanisierung unserer Gesellschaft: Immer mehr verlieren wir die besonderen Eigenheiten der Regionen zugunsten einer oberflächlichen westlichen „Weltkultur". Hätten wir vor 150 Jahren mit der Kutsche eine Reise von Berchtesgaden nach Flensburg unternommen, und hätten wir alle 50 Kilometer Station gemacht, so hätten wir ganz unterschiedliche Speisenerlebnisse gehabt. Machen wir die gleiche Reise heute, wird uns überall mehr oder weniger das gleiche vorgesetzt.

Angesichts dieser Entwicklung, die ja weit mehr erfasst als nur Essen und Trinken, gibt es eine wachsende Zahl von Menschen, die sich freuen, wenn sich jemand anschickt, alte Traditionen zu erhalten und zu beleben.

Passt das Haus zum Thema?

Die Frage ist nur, ob Sie solche Themen authentisch transportieren können. Ihr moderner Betrieb im neu gebauten Haus eignet sich vermutlich nicht für das Thema Tradition, genauso wenig wie Sie die Verwendung regionaler Produkte in den Vordergrund stellen können, wenn Sie vorwiegend fremdländische Gerichte präsentieren.

Es kann auch sein, dass einer Ihrer Mitbewerber das Thema bereits besetzt. Dann könnten Sie bestenfalls noch als Trittbrettfahrer auftreten. Aber ob das gut geht?

Suchen Sie also nach einem Thema, das zu Ihnen passt und das von öffentlichem Interesse ist. Es ist keine Schande, sich dabei von jemandem helfen zu lassen. Schließlich bestimmt die Entscheidung, welches Thema Sie aufgreifen, Ihr Handeln in den nächsten Jahren.

Klare Entscheidungen und konsequentes Handeln

Es gibt zwei Hauptgründe, woran die Entwicklung und die Umsetzung von Konzepten scheitern:

- Das Fehlen klarer Entscheidungen.
- Die mangelnde Konsequenz in der Umsetzung.

Auf Punkt zwei gehen wir später noch ausführlich ein. Doch der erste Punkt ist von erheblicher Bedeutung. Auch wenn man es kaum glauben mag: In vielen Fällen werden einfach keine Entscheidungen getroffen. Warum? Weil man Angst hat, sich festzulegen. Ein Grund für die Angst mag sein, dass man sich sorgt, es falle einem später noch etwas Besseres ein, und dann habe man sich aber schon festgelegt.

WICHTIG

Vergessen Sie das!

Nicht das Suchen nach der allerbesten Idee entscheidet über den Erfolg, sondern die Konsequenz, mit der Sie die Sache anschließend durchziehen! Freilich muss dennoch bedacht werden, dass das ausgewählte Thema zu Ihnen und Ihrem Haus passen muss.
Von entscheidender Bedeutung ist es daher, sich klar zu einem Thema zu bekennen, um dann unbeirrt in die eingeschlagene Richtung zu marschieren.

Sobald das grundlegende Thema festliegt, gilt es die Details auszuarbeiten.

- Welche Auswirkungen hat das gewählte Profil auf meine Speisekarte?
- Welche Deko muss ich verwenden?
- Welche Musik sollte in meinem Restaurant laufen?

- Wie spiegelt sich das Thema in meinen Gästezimmern wider?
- Wie präsentiere ich es im Internet und/oder auf Prospekten?
- Welche Events können zu diesem Thema veranstaltet werden?
- Wie kann ich die Medien für das Thema begeistern?
- Wie führe ich mein neues Thema im Markt ein?

Auf all diese Fragen gilt es Antworten zu finden.

Konsequenzen für das Angebot

Eigenständige Speisen

Im Restaurant sollte sich das Profil auf alle Fälle im Speisenangebot wiederfinden, indem Sie – möglicherweise neben den gewohnten Gerichten – zum Beispiel eine Spezialitätenkarte anbieten, auf der Gerichte stehen, die nur Sie haben. Komponieren Sie neue Speisen, und geben Sie Ihnen eigenständige Namen. Dabei sollte Ihre Kreativität über den nach Ihrem Gasthof benannten Hausteller oder -topf hinausgehen, denn so etwas hat heute schließlich jeder im Angebot.

Eigenständige Präsentation

Die eigene Spezialitätenkarte sollte sich auch optisch von den Karten der Konkurrenten abheben; eine ansprechende grafische Aufmachung ist dabei sehr hilfreich.

Lassen Sie mich in diesem Zusammenhang ein paar allgemeine Anmerkungen zum Thema Speisekarten machen: Noch immer findet man in sehr vielen Gaststätten Speisekarten, die im Grunde nichts anderes sind als Preislisten – links steht der Name des Produktes, rechts der Preis. Solche „Verzeichnisse" laden den Gast dazu ein, zunächst nur die Preise zu studieren.

Speisekarten statt Preislisten

Das kann aber nur dann in Ihrem Interesse sein, wenn Ihre Preise sensationell niedrig sind. In jedem anderen Fall wollen Sie doch, dass Ihre Gäste nachlesen, was es Leckeres bei Ihnen zu essen gibt. Bekanntermaßen gibt es aber Gäste, die mit dem festen Vorsatz ins Lokal kommen, nicht mehr als beispielsweise 12 € für einen Hauptgang zu bezahlen, und diese Gäste sind nicht einmal so selten. Dieser Gast erfährt bei einer „Preislisten-Speise-

karte" gar nicht, was Sie für 13,90 € anbieten, weil bei einem so hohen Preis seine Augen erst gar nicht von rechts nach links herüberwandern. Das ist natürlich sehr schade, denn vielleicht hätte der Gast gerade dieses Angebot sehr gerne gewählt, wenn Sie es ihm nur in entsprechender Form präsentiert hätten.
Aus Erfahrung weiß ich, dass Gäste ihr Verhalten ändern, wenn die Speisekarte ansprechender ist.
Eine meiner Kundinnen hatte ich aufgefordert, nur eine einzige Veränderung an ihrer Speisekarte vorzunehmen, nämlich statt der Preislistendarstellung die Speisekarte zentriert darzustellen.

Ich verdeutliche das nachstehend:

BEISPIEL

Speisekarte vorher

Schweinebraten mit Knödel und Salat	**8,90 €**
Rinderroulade mit Rotkohl	**9,90 €**
Rumpsteak mit Bratkartoffeln	**13,90 €**

Speisekarte nachher

Schweinebraten mit Knödel und Salat
8,90 €

Rinderroulade mit Rotkohl
9,90 €

Rumpsteak mit Bratkartoffeln
13,90 €

Diese kleine optische Veränderung verändert tatsächlich das Käuferverhalten. Auch meine Kundin hat mir das bestätigt, und das, obwohl sie – wie sie offen zugab – nicht an den Erfolg dieser Maßnahme geglaubt hatte. Sie war sehr überrascht von der Gästereaktion. Nicht nur, dass einige Gäste sie auf die schöne neue Speisekarte angesprochen hatten – obwohl sie von den Produkten und Preisen her völlig gleich geblieben war –, sondern einige Stammgäste, die bisher immer nur niederpreisige Speisen ausgewählt hatten, bestellten nun plötzlich Rumpsteaks, also Gerichte, die ihnen bislang zu teuer erschienen waren.

Billig oder teuer?
Alles relativ!

Dies zeigt in beeindruckender Weise, dass es „teuer“ und „billig“ für sich stehend nicht gibt. Die Frage, ob etwas billig oder teuer ist, hängt erheblich davon ab, wie sich der Preis zur Werteinschätzung des Kunden verhält. In unserem Beispiel zeigt sich das ganz deutlich. Mit der alten „Preislisten-Speisekarte“ erschienen Produkte offensichtlich teurer als mit der neuen, die vielleicht ein wenig vornehmer wirkte. Durch diese etwas elegantere Karte fühlt sich auch der Gast aufgewertet und ist zu einer höheren Ausgabe bereit. Wie oft gesagt: Wirtschaft ist vor allem Psychologie!

Wenn Sie über eine hauseigene Spezialitätenkarte verfügen, die optisch ansprechend gestaltet ist, können Sie den eben besprochenen Vorteil in besonderem Maße für sich nutzen.

Einzigartige Speisen
entziehen sich
dem Preisvergleich

Sie können auch weitere Vorteile daraus ziehen. Mit Ihren einmaligen Produkten entziehen Sie sich dem Preisvergleich. Den Preis Ihres Wiener Schnitzels kann ich leicht mit dem Ihres Nachbarn vergleichen; Ihre Hausspezialität ist allerdings einmalig. Sie sind damit nicht billiger oder teurer als andere!
Hinzu kommt, dass Ihre Spezialitäten eben das besondere Erlebnis in Ihrem Hause verstärken, ja vielleicht sogar ausmachen. Anspruchsvolle Gäste suchen immer das gewisse Etwas – durch unvergleichliche Gerichte können Sie ihnen das bieten.
Auch wenn Anfragen für Familien- oder Firmenfeste kommen, haben Sie mit Ihrem besonderen Hausangebot einen Wettbewerbsvorteil. Wenn ein Gast an seinem Geburtstag nur Braten für alle will, dann wird am Ende der Preis sehr wichtig sein. Wenn Ihre Gäste aber etwas haben wollen, das es nicht überall gibt, dann haben Sie ein überzeugendes Angebot, das sie nicht alleine über den Preis vermarkten müssen. Die Spezialitätenkarte erweist sich in vielen Fällen als das Herzstück eines neuen Restaurantkonzepts.

Das Erlebnismenü als Motor der Mundpropaganda

In manchen Fällen bildet ein so genanntes Erlebnismenü das Herzstück des Konzeptes und fungiert dabei als Motor der Mundpropaganda.

Ehe ich lange erkläre, worum es sich bei einem Erlebnismenü handelt, will ich ein sehr gelungenes Beispiel anführen:

BEISPIEL

Im malerisch gelegenen kleinen Schwarzwaldort Sasbachwalden findet sich in einem alten Fachwerkhaus das „Saschwaller Burehus". Zusammen mit dem Betreiber Eugen Oberle haben wir ein bodenständiges Konzept entwickelt, das sich rund um das bäuerliche Leben dreht. Ich werde später genauer darauf eingehen.

Zunächst geht es mir um das Erlebnismenü, das sich als ganz entscheidender Teil des Konzeptes erwiesen hat.

Gruppen ab 5 Personen können ein 7-gängiges Menü bestellen, das sich „Bauernsonntag" nennt. Hierbei geht es darum, dass die Gäste erleben sollen, wie es früher am Sonntag auf einem Bauernhof zugegangen ist. Dabei spielt es natürlich keine Rolle, ob es im Einzelnen tatsächlich so war, schließlich soll der Gast unterhalten und nicht belehrt werden.

Zu Beginn erhält jeder Gast als ersten Gang ein Glas Most. Der Wirt begrüßt die Gäste und erzählt Ihnen, dass sie heute erleben dürfen, wie es früher auf einem Bauernhof zugegangen sei. Er führt aus, dass die entscheidende Person auf einem Hof der Bauer gewesen sei. Daraufhin fordert er die Gruppe auf, zu bestimmen, welche Dame oder welcher Herr an diesem Abend den „Tischbauern" gibt. Sobald die Gruppe die Rolle des Bauern besetzt hat, wird diesem ein roter Latz umgebunden, während alle anderen einen grünen Latz erhalten.

Als nächstes führt der Wirt aus, dass es früher auf einem Bauernhof undenkbar gewesen sei, mit dem Essen zu beginnen, ohne vorher ein Tischgebet zu sprechen. Somit wird der Tischbauer aufgefordert, ein solches Tischgebet zu sprechen. Falls ihm, was nicht selten ist, kein Gebet einfällt, wird ihm ein Zettel gereicht, von dem er ein eher heiteres Tischgebet ablesen kann.

Eugen Oberle hat mir erzählt, dass noch nie ein Gast das Tischgebet verweigert hätte. Ganz im Gegenteil gibt es nicht selten Gäste, die sich sehr freuen, dass es so etwas wie ein Tischgebet noch irgendwo in einer Gaststätte gibt.

Das Tischgebet ist in der Tat ein bedeutendes Element des Bauernsonntags. Und das meine ich nicht in religiöser Hinsicht, sondern bedeutend für das Funktionieren des Abends. Der Ablauf des Abends ist schließlich gut geplant und es wird nur dann eine gelungene Veranstaltung, wenn er auch so abläuft, wie geplant. Das setzt voraus, dass die Gruppe das mitmacht, was der Wirt vorgibt. Ist ihm das beim Tischgebet gelungen, wird es ihm auch bei allem anderen gelingen!

Im weiteren Verlauf des Abends werden fünf kleine und einfache Speisengänge serviert. Wichtig dabei ist, dass den Gästen nur jeweils ein Holzbrett und ein Messer zur Verfügung stehen. Besonders die Suppe, die in einem ausgehöhlten Roggenbrötchen serviert wird, wird zu einem spannenden Erlebnis.

Vor der Nachspeise führt der Wirt mit den Gästen ein kleines Spiel durch, das ich hier nicht im Detail wiedergebe. Aber ich versichere Ihnen, dass dabei sehr viel gelacht und nicht wenig getrunken wird.

Als letzten und siebten Gang erhält jeder Gast einen „Absacker“. Dabei werden dem Tischbauern drei neutrale Flaschen vorgesetzt und er darf (oder muss) von jedem ein Gläschen probieren, um dann anzugeben, welcher Gast welchen „Absacker“ erhält. Glauben Sie mir, auch das ist Anlass für manchen Lacher, aber ich will auch nicht alles verraten, was Eugen Oberle bei seinem erfolgreichen Bauernsonntag, den er außerdem noch mit selbst vorgetragener Musik untermalt, bietet.

Das Erlebnismenü als Gruppenerlebnis

Mit diesem Beispiel will ich aufzeigen, dass bei solchen Erlebnismenüs das Gruppenerlebnis im Vordergrund steht. Die Gäste haben beste Unterhaltung und großen Spaß, was dazu führt, dass sie voller Begeisterung anderen davon erzählen. Im Saschwaller Burehus hat der Bauernsonntag das gesamte Konzept und damit den ganzen Betrieb erfolgreich nach vorne gebracht.

Nun können Sie nicht einfach den Bauernsonntag kopieren, weil ein Erlebnismenü natürlich zum Gesamtkonzept des Hauses passen muss. Aber im Grunde gibt es in den meisten gastronomischen Betrieben Möglichkeiten, Gästegruppen ein ganz besonderes Erlebnis zu verschaffen.

Die Einführung des neuen Konzepts

Bei der Markteinführung Ihres neuen Konzepts sollten Sie nach dem Motto „Klotzen, nicht kleckern“ agieren. Damit meine ich nicht, dass Sie in dieser Phase unbedingt viel Geld investieren sollten. Möglicherweise haben Sie es nicht so üppig. Das ist in unseren Tagen durchaus normal. Daher wird es Sie nicht verwundern, wenn ich Ihnen sage, dass mich der Großteil meiner Konzeptkunden vor die Aufgabe stellt, etwas Tolles zu entwickeln, das möglichst wenig kostet. Natürlich kann auch ich weder zaubern noch Wunder wirken, aber mit Phantasie und Entschlossenheit lässt sich auch mit wenig Mitteln Interessantes bewegen.

Medien mit einbeziehen

Dennoch sollten Sie die Konzepteinführung unbedingt nutzen, um öffentlich auf sich aufmerksam zu machen. Mit meinen Kunden gehe ich zumeist so vor: Wir legen einen Eröffnungstermin vor, am günstigsten an einem Samstag. An diesem Tag soll das neue Konzept erstmals dem Publikum vorgestellt werden. Zwei Tage vorher findet in geschlossener Gesellschaft ein Medienabend statt. Zu dieser Veranstaltung werden neben Honoratioren wie Bürgermeister, Landrat, Pfarrer, Brauereichef, Bankdirektor, Tourismusbeauftragter usw. Vertreter der Medien eingeladen. Diesem eingeladenen Kreis wird das neue Konzept vorgestellt. Außerdem dürfen diese Personen als Erste die Speisen, die auf der neuen Karte stehen, kosten, oder als Erste das neue Erlebnismenü kennenlernen.

Ziel ist es, Zeitungsartikel zu bekommen, die im redaktionellen Teil über Sie berichten. Die Anwesenheit der Honoratioren wertet diese Veranstaltung auf und macht sie für die Journalisten interessanter.

Scheuen Sie sich nicht, Rundfunk und Fernsehen darauf anzusprechen. Ich habe es mehrfach erlebt, dass auch die Funkmedien über solche Veranstaltungen berichtet haben. Von Vorteil ist es, für diesen Anlass fertige Pressemitteilungen bereitzuhalten.

Den offiziellen Eröffnungsabend können Sie auf unterschiedliche Weise bewerben. Zunächst sollten Sie unbedingt Inhauswerbung betreiben, also Ihre Gäste auf den Eröffnungsabend aufmerksam machen. Damit lassen sich am leichtesten Reservierungen gewinnen. Natürlich können Sie darüber hinaus auch Flugblätter verteilen lassen, eine E-Mail-Aktion starten oder Zeitungsanzeigen schalten. Letzteres ist allerdings teuer und der Erfolg fraglich.

Am Eröffnungsabend müssen Sie ein überzeugendes Programm bieten. Stellen Sie den Gästen Ihre Spezialitäten vor, indem Sie ein mehrgängiges Menü servieren, das einen Streifzug durch Ihre neue Karte bietet. Erzählen Sie zu Beginn der Veranstaltung, was Sie vorhaben und was Ihnen am Herzen liegt. Erzählen Sie, was Sie Gutes tun (aber natürlich nennen Sie es nicht so).
Zwischen den Gängen sollten Ihre Gäste ebenfalls unterhalten werden: mit Musik, mit einem Märchenerzähler, mit einer Lesung, mit Wissenswertem oder sonst etwas, das zum gewählten Thema einen Bezug hat. Alles ist gut, was ins Konzept passt und Ihre Gäste nicht langweilt.

Nicht lockerlassen!

Konsequenz ist alles!

Die Konsequenz der Umsetzung ist der entscheidende Schlüssel zum Erfolg. Ich will das nicht theoretisch erläutern, sondern werde dies im Folgenden an realen Beispielen aufzeigen.
Einen wichtigen Punkt einer konsequenten Umsetzung möchte ich jedoch herausheben, weil er sehr wirksam ist und dennoch oft vergessen wird: Die passende Musik!
Musik ist ein sehr wichtiges Element des Ambientes, denn Musik schafft Stimmung. Die Filmemacher in Hollywood wissen das sehr genau und lenken die Emotionen der Zuschauer bewusst durch richtig eingesetzte Musik. Grund genug, auch im eigenen Betrieb dieses bedeutende Ambiente-Element einzusetzen.

Achten Sie auf die passende Musik

In den meisten Betrieben, die ich kenne, laufen im Hintergrund die aktuellen Charts rauf und runter. Vielleicht hören Ihre Mitarbeiter das ja gerne, dem Gast aber verschafft es kein besonderes Erlebnis. Diese Musik hört er auch im Auto, beim Friseur und in seinem Fitness-Studio.

Bei Ihnen sollte er aber Musik hören, die exklusiv zu Ihrem Betrieb passt.
Lassen Sie es mich an einem Beispiel aufzeigen. Zusammen mit einem Kunden habe ich das Konzept für ein südamerikanisches Spezialitätenrestaurant, das *Maximilians bueno* in Cloppenburg, entwickelt. Es wurde an alles gedacht: Speisen, Kleidung der Servicekräfte, Einrichtung und Dekoration. Doch was war mit der Musik? Richtig, Sie ahnen es: Die aktuellen Charts rauf und runter, weil die jungen Mitarbeiter das gerne hörten.
Wir haben rasch die CDs gegen südamerikanische Klänge ausgetauscht. Alle waren erstaunt, welch große Auswirkung diese Musik auf das Gesamterlebnis beim Besuch des Restaurants hatte. Und die Mitarbeiter stehen längst auf diesen Sound.

Im Hofbräuhaus in München hingegen, das ich ebenfalls beraterisch betreue, werden Sie ausschließlich bayerische Musik hören. Alles andere wäre auch nicht angemessen.

Suchen Sie also auch eine Musik aus, die genau zu Ihrem Konzept passt.

Mit Events das Thema verstärken

Die Konsequenz der Umsetzung macht sich aber auch darin fest, wie Sie den eingeschlagenen Weg fortführen. Ist der Start erst einmal gemacht, heißt es, am Ball bleiben. Sie müssen die Suppe am Köcheln halten. Das bedeutet, Sie müssen dafür Sorge tragen, dass Sie und Ihr Profilierungsthema weiterhin im Gespräch bleiben. Dazu dienen vor allem Veranstaltungen in Ihrem Hause, die das Thema unterstützen. Bei den abschließend aufgezeigten Beispielen ist anschaulich erklärt, was damit gemeint ist.
Die Festlegung auf ein Thema bringt in einem wichtigen Punkt Ihrer Arbeit eine wesentliche Erleichterung. Sie haben ein klares Entscheidungsraster bei Investitionsfragen. Was immer Sie überlegen zu tun oder zu kaufen, die Entscheidung hängt von einer jetzt ganz einfach zu beantwortenden Frage ab: Passt es in Ihr Konzept oder nicht? So einfach ist das. Wenn es nicht passt, dann lassen Sie es. Dabei spielt es keine Rolle, ob es für sich genommen eine gute oder eine schlechte Idee ist, die Sie gerade haben.

Dieses Entscheidungsraster können Sie beispielsweise auch anwenden, wenn Ihnen jemand eine bestimmte Werbeform anbietet. Auch hier gilt: Unterstützt diese Werbung Ihre konzeptionelle Idee oder nicht?

BEISPIELE

Teddybärenhotel, Kressbronn

Die Hoteliers am Bodensee haben fast alle das gleiche Problem: die Saisonabhängigkeit. Das gilt natürlich auch für alle anderen Gegenden, wo im Tourismus Geschäfte auf Grund von Sehenswürdigkeiten und Naturschönheiten gemacht werden. Während man in den Sommermonaten locker noch ein paar Zimmer mehr gebrauchen könnte, ist das Haus außerhalb der Saison nur schwach belegt, der Großteil der Kosten aber läuft weiter.

So war auch die Situation, als ich zusammen mit dem Allgäuer Tourismus-Fachmann Georg Miller zum ersten Mal in das kleine Hotel in Kressbronn gebeten worden war. Der grundlegende Fehler war schnell gefunden; es ist ein Fehler, der für Betriebe dieser Art typisch ist: Weil das Haus am wunderschönen Bodensee gelegen ist wird versucht, den Bodensee zu vermarkten an Stelle des eigenen Hauses. Natürlich ist die Versuchung groß, weil das Urlaubsgebiet die Gäste im Sommer fast von ganz allein ins Haus schwemmt. Der Weg zum Erfolg ist jedoch ein Alleinstellungsmerkmal, das den eigenen Betrieb gegenüber den Mitbewerbern abhebt. Das kann keinesfalls der See sein, denn den haben alle Häuser!

Die Aufgabenstellung war also klar: Es galt ein Profilierungsthema zu schaffen, das unabhängig von der Lage funktionieren sollte. Den Bodensee gäbe es dann quasi als Dreingabe.

Die Suche erwies sich als gar nicht so einfach. Das Haus verfügte über keine allzu lange Tradition, der Chef des Hauses hatte keine besonderen Hobbys, und über das Umfeld war nichts bekannt, das sich als Vermarktungsthema anbot.

Als die junge Frau des Inhabers sagte, dass sie Teddybären sammle und bastle, konnte ich zugegebenermaßen damit nicht viel anfangen. Aber da man nichts unversucht lässt, haben wir recherchiert, ob sich daraus etwas machen ließe. Ich war nicht schlecht erstaunt, als wir feststellten, dass es eine ganze Reihe von Fachzeitschriften zu

BEISPIELE

diesem Thema und sogar eigene Fachmessen gibt. Damit war das Thema „Teddybären“ mit einem Mal wesentlich interessanter geworden, denn eine ganz entscheidende Frage bei der Beurteilung, ob sich ein Thema anbietet, ist, wie es sich bewerben lässt.

Auf die Frage nach der Zielgruppe sagen mir viele Gastronomen und Hoteliers, dass ihnen jeder Gast recht sei. Das ist natürlich richtig. Nur „jeder Gast“ ist am schwersten zu bewerben. Wenn ich mit meiner Werbung wirklich jeden erreichen will, ohne die Zielgruppe einzuengen, muss ich in Massenmedien, am besten im Fernsehen, werben. Das aber kostet Unsummen und ist von einem einzelnen Hotel auf keinen Fall zu leisten.

Deshalb schrillten bei uns – im positiven Sinn – sofort die Alarmglocken als wir sahen, dass es Fachzeitungen bezüglich Teddybären gibt. Wenn ich ein Hotel führe, das sich dem Thema „Teddybären“ widmet, kann ich in einschlägigen Zeitschriften ohne Streuverluste werben. Wer 5 € für eine Teddybärenzeitung ausgibt, interessiert sich wirklich dafür. Das Gleiche gilt für den Besucher einer entsprechenden Messe.

Das Thema war gefunden, das „Teddybärenhotel“ geboren. Nun galt es festzulegen, wie sich ein solches Haus zu präsentieren hat.

Selbstverständlich sollten Teddybären in den Zimmern sein und im Restaurantbereich. Der Schlüssel war: Konsequente Umsetzung des Themas. Schnell bot sich eine ganze Palette von Möglichkeiten:

- Teddytauschbörsen
- Teddybastelkurse
- Teddyfantreffen usw.

Es ergaben sich viele Chancen, wie das Haus auch außerhalb der Saison angeboten und beworben werden konnte. Da ein Haus, das als „Teddybärenhotel“ firmiert, insbesondere Familien mit Kindern anspricht, wurde im Haus noch ein Teddyshop eröffnet, in dem es Teddybären, Teddy-T-Shirts, Teddytassen, -teller, -kalender und vieles mehr zum Thema zu kaufen gibt. Allein damit wird heute ein stattlicher Umsatz erzielt.

Kein Wunder: Wer selbst Kinder hat weiß, dass Eltern dieses Hotel nicht verlassen können, ohne mindestens einen Teddy gekauft zu haben.

Viele Medienberichte haben genauso zum Erfolg beigetragen wie die – in diesem Fall eindeutig aktive – Mundpropaganda. Heute besiedeln mehr als 800 Teddybären das Hotel. Wer das Haus besucht, wird diesen Besuch nicht mehr vergessen. Und wer heute mit seinen Kindern im „Teddybärenhotel“ absteigt, kann davon ausgehen, dass in vielen Jahren diese Kinder mit ihrem eigenen Nachwuchs wieder hierher zurückkommen werden.

Selbstverständlich hat sich Peter Marschall, der Betreiber des Unternehmens, den Begriff „Teddybärenhotel“ markenrechtlich schützen lassen. Ein weiteres Mosaiksteinchen in diesem Erfolgsbild.

Eschbacher Katz, Usingen-Eschbach

Das im Taunus gelegene Gasthaus Hubertusfelsen lief nicht schlecht, als mich Manfred Anzer, der Wirt des Hauses, zu sich bat. Als tüchtigen Unternehmer beunruhigte ihn die Tatsache, dass die Umsätze stagnierten. Hinzu kam, dass der einzige Mitbewerber am Ort den Versuch gestartet hatte, die Gäste durch niedrige Preise für sich zu gewinnen.
Manfred Anzer war jedoch nicht gewillt, sich in einen ruinösen Preiskrieg zu stürzen. Vielmehr war er der Überzeugung, er müsse sich durch andere Dinge von dem Konkurrenten abheben.
Aber wie?
Hier lag der Schlüssel für eine individuelle Profilierung in einer alten Sage.
Das Gasthaus liegt im kleinen Ort Eschbach bei Usingen. Im Volksmund heißt der Ort seit jeher „Katzeneschbach“. Und dazu gibt es folgende Geschichte:
Vor langer Zeit rief Fürst Wallrad seine Untertanen aus Eschbach wie jedes Jahr zu sich, damit sie ihren Zehnten, also ihre Steuern, bei ihm ablieferten. Das Volk tat, wie ihm geheißen und wurde dafür mit einem Mahl belohnt. Die Eschbacher dankten anschließend recht artig und teilten dem Fürsten mit, dass ihnen die aufgetischten Kaninchen gemundet hätten. Daraufhin lachte Fürst Wallrad schallend, klopfte sich vor Vergnügen auf die Schenkel und sagte den staunenden Eschbachern, dass er ihnen keine Kaninchen, sondern lediglich ein paar Katzen habe

BEISPIELE

braten lassen. Und so kommt es, dass alle – mit Ausnahme der Eschbacher selbst – die kleine Ortschaft noch heute Katzeneschbach nennen.

Eine glückliche Eingebung brachte mich auf eine Idee, als ich diese Geschichte hörte. Der Ausgangspunkt war, diese Geschichte genau umzudrehen: Ich schlug vor, Kaninchengerichte zur Hausspezialität zu machen und diese unter dem Namen *Eschbacher Katz* anzubieten. Kaninchengerichte sind einerseits interessant, weil sie nicht allzu häufig auf Speisekarten stehen, und andererseits, weil das Fleisch fettarm ist und daher modernen Ernährungsgewohnheiten entgegenkommt.

Der Produktname *Eschbacher Katz* ist eine bewusste Anlehnung an den im Volksmund verankerten Namen des Dorfs. Manfred Anzer gefiel die Idee so gut, dass er noch einen Schritt weiter ging. Er musste das Lokal wegen eines kleinen Umbaus für 3 Wochen schließen und entschied sich dafür, es danach unter dem neuen Namen *Eschbacher Katz* wiederzueröffnen.

Um rasch die Popularität zu erhöhen, suchten wir den Leiter der örtlichen Grundschule auf und fragten ihn, ob er mit den Schülern einen Malwettbewerb zum Thema *Eschbacher Katz* durchführen wolle. Er war begeistert, und so malten alle Kinder von der 1. bis zur 4. Klasse Katzen und Ähnliches, um einen der Jahrgangspreise im Wettbewerb zu ergattern. Logisch, dass eine solche Aktion bei kleinen Kindern nicht an deren Elternhaus vorbeiläuft.

Die örtlichen Honoratioren wurden zur Jury erkoren, welche die Preisträger auszuwählen hatte. Die Siegerbilder wurden in der örtlichen Raiffeisenbank ausgestellt, und die regionale Presse war jeweils mit einem Artikel dabei.

Der Erfolg war durchschlagend! Manfred Anzer sagte zu mir: „Der Name *Eschbacher Katz* war nach 6 Wochen bekannter als der Name Hubertusfelsen nach 8 Jahren!"

Kein Wunder. Wenn es in Katzeneschbach in der *Eschbacher Katz* eine „Eschbacher Katz" zu essen gibt, dann kann sich das wirklich jeder merken!

Mit einer hauseigenen Biersorte, die logischerweise auch *Eschbacher Katz* heißt, unterstützte er das Vorhaben zusätzlich.

So startete eine Erfolgsgeschichte, die sich bis heute fortsetzt.

Übrigens: Mit einem Bericht über die *Eschbacher Katz* startete ich vor einigen Jahren meine Zusammenarbeit mit der „Allgemeinen Hotel- und Gaststätten-Zeitung" (AHGZ).

Saschwaller Burehus, Sasbachwalden

Diesen Betrieb kennen Sie bereits aus der Beschreibung des Erlebnismenüs „Bauernsonntag". An dieser Stelle werde ich mehr über das Konzept des Hauses berichten.

Den Tourismus und damit auch Hotellerie und Gastronomie hat es durch die Schließung der Kurkliniken von Sasbachwalden arg gebeutelt. Jeder im Gastgewerbe hat in diesem kleinen Ort schwer zu kämpfen, und Umsatzrückgänge um 30 % und mehr sind keine Seltenheit. Da war es freilich wichtig, sich rasch etwas einfallen zu lassen, um dem allgemeinen Trend etwas entgegenzusetzen.

Finanzielle Mittel für nennenswerte Investitionen waren nicht vorhanden. Von daher gab es nur die Möglichkeit, mit dem Vorhandenen zu arbeiten. Hier zeigte sich einmal mehr, wie hilfreich ein Anstoß von außen sein kann. Während Eugen Oberle, der Betreiber des Hauses, sich nur in einer alten Hütte sah, aus der man seiner Ansicht nach nicht viel machen könne, erkannte ich, dass diese „alte Hütte" in Wirklichkeit ein sehr schönes Fachwerkhaus ist, das eine urige Atmosphäre ausstrahlt und jedem Gast wohlige Gemütlichkeit vermittelt.

Erst in den 60er-Jahren des letzten Jahrhunderts wurde das Haus zur Gaststätte umgebaut. Zuvor war es über einen vermutlich Jahrhunderte überspannenden Zeitraum ein Bauernhof. Genau diese bäuerliche Tradition des Hauses stellten wir ins Zentrum unseres Konzeptes. Das Saschwaller Burehus sollte traditionelles bäuerliches Leben zeigen, das sich in den Räumlichkeiten widerspiegelt, in der Kleidung der Servicemitarbeiter und natürlich auch in der Speisekarte.

Um bäuerliche Küche zu repräsentieren stehen auf der Speisekarte ausschließlich mehr oder weniger einfache Gerichte. Allerdings sind sie zum Teil mit ungewöhnlichen Beilagen serviert und vor allem mit neuen Namen ausgestattet.

So wurden alle Gerichte nach Schutzheiligen benannt, und in der Speisekarte sind dazu passende Bauernregeln zu lesen, die sich ja zumeist auf Schutzpatrone bezogen.

Somit wird nicht einfach ein Schweinebraten mit Knödel angeboten, sondern das entsprechende Gericht heißt „St. Martin", beschrieben mit „Braten vom zahmen Schwein mit Speck- und Pilz-Soße und Kapuzinerklößen". Die dazugehörige Bauernregel lautet: „Zu Martini schlacht' ein Schwein, zu Lichtmess muss es 'gessen sein."
Die Speisekarte ist mit alten Fotos vom Haus und seinen Bewohnern und mit alten Aufnahmen von Sasbachwalden ausgeschmückt.
Natürlich könnte man sagen, dass es sich bei der Speisekarte im Saschwaller Burehus im Wesentlichen um eine gutbürgerliche Küche handelt. Aber diese gutbürgerliche Küche wurde clever verpackt und ist damit ein Erfolg.

Hotel Gasthof Hirsch, Rothenberg

Auch dieses hübsche, kleine Hotel im Odenwald hatte keine großen Probleme, als ich um Unterstützung gebeten wurde. Das Haus verfügt – neben einem im ländlichen Stil gehaltenen Gastraum – über einen kleinen, sehr schönen Gewölbekeller, der zum damaligen Zeitpunkt leider viel zu wenig genutzt wurde. Das Bestreben war es also, speziell für diese Räumlichkeit eine eigenständige Vermarktungsstrategie zu entwickeln.
Der Schlüssel dazu lag in diesem Fall in der Küche, wo ein ganz hervorragender Löffel geschwungen wird. Es wurde eine Spezialitätenkarte entwickelt, mit der aufgezeigt werden konnte, dass man mit regionalen Produkten überaus leckere und geradezu exotisch schmeckende Speisen erstellen kann. Entscheidend für die besondere Geschmacksnote ist die Verwendung edler Brände, allesamt aus der Gegend aus einheimischen Zutaten gebrannt.
Die Speisekarte erhielt den lateinischen Namen *Deliciae Cellarii*, was übersetzt so viel heißt wie „des Kellermeisters Gaumengeister".
Alle Speisen bekamen eigenständige Namen, die sich an regionalen Personen oder Begebenheiten orientieren.
Mit großem Erfolg wurde die Eröffnungsveranstaltung durchgeführt, und sofort setzte die gewünschte Nachfrage ein. Durch weitere Medienberichte und mittlerweile mehreren Beiträgen in Fernsehsendungen (unter anderem als Tipp in der ZDF-Sendung WISO) hat sich der Ruf des Hauses weiter positiv gefestigt. Durch laufende Ver-

anstaltungen treibt die Familie Beisel als Betreiber unermüdlich das Erfolgsprojekt voran.

Gasthaus Zum Sünfzen, Lindau

Der *Sünfzen* ist ein Traditionsgasthaus auf der Lindauer Insel im Bodensee. Im Sommer kann er sich der Gäste kaum erwehren, und trotzdem kommt selbst im größten Stress hervorragende Qualität aus der Küche, und der Service behält ein freundliches Lächeln. Über 60 Jahre wurde das Haus von der Familie Grättinger betrieben. Vor einigen Jahren übernahm mit Stephan Grättinger und seiner Frau Liane die dritte Generation den *Sünfzen*.

Das ändert allerdings nichts daran, dass auch der *Sünfzen* mit dem Problem der Saisonabhängigkeit zu kämpfen hat, wie schon im ersten Beispiel erläutert. Daher bot sich hier die Aufgabestellung, ein Konzept zu erarbeiten, mit dem der *Sünfzen* auch außerhalb der Saison als von den Einheimischen geschätztes Gasthaus bestehen kann.

Die Profilierungsschiene lag im Prinzip offen da, wurde aber – wie ich es oft erlebe – nicht in der Deutlichkeit erkannt, wie dies einem Außenstehenden möglich ist, der darüber hinaus über die Erfahrung verfügt, Vermarktungschancen erkennen zu können.

Das Haus steht für eine jahrhundertealte Tradition. Schon im 14. Jahrhundert wird es als „Trinkstube der Lindauer Patrizier" urkundlich erwähnt. Außerdem setzt man im Unternehmen auf hohe Qualität und verarbeitet überwiegend regionale Produkte.

Auch hier stand wieder eine Spezialitätenkarte im Mittelpunkt, die *Patriziertafel*, auf der „Sünfzen-Spezialitäten aus sieben Jahrhunderten" präsentiert werden. Die sehr schön gestaltete und bebilderte Karte bietet Gerichte wie den „Glockengießer Indian", das „Rehstück nach Johannes Kroll" oder das Felchenfilet „Via Mala". Alle Namen stehen in Bezug zur Geschichte des Hauses, wie beispielsweise die „Königssuppe" daran erinnert, dass der *Sünfzen* im Jahre 1865 sogar einmal den bayerischen König bewirten durfte. Mit einem viel beachteten Event wurde die neue Karte eingeführt. Neben der lokalen Presse hatte sich auch der Bayerische Rundfunk eingefunden.

Die Familie Grättinger sorgt dafür, dass das neue Konzept in Schwung bleibt. Dazu werden thematisch passende

Events abgehalten, wie beispielsweise eine „Bierschau“, mit der ein alter Brauch wieder belebt wird: Bei einem festlichen Essen wird die Qualität des Biers geprüft und – selbstverständlich – für gut befunden. Für die Besucher ein tolles Erlebnis, für den Sünfzen ein gutes Geschäft und eine hervorragende Werbung.

Weiterhin wurde der gemeinnützige Verein Lindauer Patrizier e. V. ins Leben gerufen. Die Vereinsmitglieder entrichten einen jährlichen Beitrag und treffen sich 3-mal im Jahr zu einem opulenten Essen. Der Reinerlös kommt dem Verein zugute, der damit wiederum bedürftige Lindauer unterstützt. Hier wird Gutes getan, was mit einem positiven Image belohnt wird und jedes Mal eine gute Presse bringt.

Ein nicht unwichtiger Nebeneffekt der neuen Karte war, dass diese gegenüber ihrer Vorgängerin wesentlich weniger Gerichte enthält, was eine Entlastung der Küche und des Warenlagers zur Folge hatte.

Dies wirkte sich bereits im ersten Sommer gewinnbringend aus. Gegen rückläufige Gästezahlen in Lindau insgesamt kann sich während der Saison auch ein Betrieb wie der *Sünfzen* nicht wehren. Hier aber ist es gelungen, mit weniger Gästen den gleichen Umsatz wie im Vorjahr zu tätigen! Die eigentliche Bewährungsprobe besteht für die neue Profilierung jedoch jeweils im Winter, denn erst außerhalb der Saison zeigt sich, was die neue Karte bringt. Der Erfolg ist unbestreitbar. Gleich im ersten Winter konnte der Umsatz im Winterhalbjahr um mehr als 15 % gesteigert werden! Dieses erhöhte Niveau kann seither gehalten und sogar noch leicht ausgebaut werden.

Besonders zeigt sich der Erfolg in vielen Zeitungsberichten und in einer deutlichen Zunahme im Catering-Geschäft. Bei Empfängen im Rathaus übernimmt der *Sünfzen* inzwischen regelmäßig die Verköstigung.

Eine ganz besondere Ehrung wurde dem Haus zuteil, als Graf Bernadotte, der Herr der Insel Mainau, seinen 95. Geburtstag feierte und als Ehrengäste das schwedische Königspaar begrüßte. Zu diesem Anlass richtete der *Sünfzen* mit seiner Patriziertafel ein Festbankett aus.

Da braucht man sich nicht zu wundern, dass Stephan Grättinger der Überzeugung ist, dass der *Sünfzen* durch die neue Profilierung zur gastronomischen Nummer 1 in Lindau geworden ist.

Die Anwendung der Kernfragen

An dieser Stelle möchte ich noch einmal an die beiden Fragen erinnern, die ich eingangs gestellt habe, und sie anhand der Beispiele beantworten.

- Warum sollen die Gäste ihr Geld gerade zu Ihnen tragen, wenn sie so viele Möglichkeiten haben, es woanders auszugeben?
- Was will ich Gutes tun?

Teddybärenhotel

Der Gast kommt, weil die Teddybären für ein einmaliges Flair sorgen, weil Kinder sich wie im Paradies fühlen und Paare es unheimlich kuschelig finden.

Das Gute liegt in der Herzlichkeit. Die Teddys verströmen Wärme, die Kinder sind glücklich und damit natürlich auch die Eltern.

Bieten Sie Ihren Gästen etwas Einzigartiges!

Eschbacher Katz

Ist es nicht etwas Besonderes, eine „Katz" zu essen? Selbst wenn man im ersten Augenblick erschrecken mag, am Ende siegt die witzige Idee. Der Gast kommt, weil sich die Sache mit der Eschbacher Katz herumgesprochen hat und man endlich erleben will, was sich dahinter verbirgt. Danach kommt man ohnehin wieder.

Das Gute liegt im Aufgreifen einer alten Sage, in der Umdeutung einer für die Eschbacher eher schmählichen Geschichte. Während die Einheimischen auf ihren Spitznamen Katzeneschbach schwerlich stolz sein können, auf die Eschbacher Katz können sie es.

Saschwaller Burehus

Alte bäuerliche Tradition wird zu neuem Leben erweckt. Der Gast taucht ein in eine Atmosphäre, die ihm das Gefühl gibt, Anteil an der „guten alten Zeit" zu haben. Dies gilt für Fremde genauso wie für Einheimische. Die Speisen sind schmackhaft, einfach und preiswert, und der „Bauernsonntag" vermittelt ein besonderes Erlebnis. Für den regionalen Fremdenverkehr gilt das Haus als besonders regionaltypisch. Wer heute dort speisen will, muss entweder Gast des im Haus integrierten Hotels sein oder sich vorher anmelden.

Das Gute liegt eben in der Bewahrung der Tradition und in der Pflege der bäuerlichen Vergangenheit des Hauses.

Hotel Gasthof Hirsch

Der Gewölbekeller ist schon für sich genommen ein Erlebnis – herausragend wird es durch das ganz besondere Speisevergnügen, wobei mit dem Vorurteil aufgeräumt wird, regionale Produkte würden hausbacken schmecken. Im Letzteren liegt bereits das Gute: Regionale Produkte werden nicht nur verwendet, sondern sie werden deutlich aufgewertet.

Gasthaus Zum Sünfzen

Spezialitäten aus sieben Jahrhunderten sind allein schon ein guter Grund, das Haus aufzusuchen, die sehr schöne Speisekarte ein weiterer. Die Tatsache, dass immer wieder in den Zeitungen Positives über den *Sünfzen* zu lesen ist, verstärkt das Bedürfnis der Menschen, das Restaurant zu besuchen.
Das Gute liegt in der Bewahrung einer alten Tradition, in der Verwendung regionaler Produkte und im gemeinnützigen Engagement.

Sie sehen, alle Kriterien werden erfüllt, weshalb der Erfolg kein Zufall, sondern eine zwangsläufige Folge ist, wenn man das jeweilige Konzept – wie es auf die geschilderten Fälle zutrifft – konsequent und durchaus stur umsetzt.

CHECKLISTE

- Warum sollen die Gäste ihr Geld gerade zu Ihnen tragen, wenn sie so viele Möglichkeiten haben, es woanders auszugeben?
- Wodurch heben Sie sich von Ihren Mitbewerbern ab?
- Welchen Anlass geben Sie für aktive Mundpropaganda?
- Berichten regionale bzw. überregionale Zeitungen regelmäßig über Ihren Betrieb?
- Verfügt Ihr Haus über unverwechselbare Hausspezialitäten? Wenn ja, welche?
- Haben Sie ein einmaliges Angebot, das die Gäste speziell in Ihr Haus zieht? Wenn ja, welches?
- Haben Sie beim Thema „Individuelle Profilierung" noch Handlungsbedarf? Wenn ja, wann packen Sie es an?

ERLÖSSTEIGERUNG

Aktiver Verkauf im Restaurant

Ist aktiver Verkauf aufdringlich?

„Ist es nicht aufdringlich, wenn ich versuche, dem Gast noch ein Dessert zu verkaufen?“ Mit solchen oder ähnlichen Fragen haben mich des Öfteren Teilnehmer meines Verkaufstrainings für Gastronomen und Servicekräfte konfrontiert. Die schlichte Antwort: Je nachdem, wie man es macht.

Im aktiven Verkauf liegt in jedem Restaurant erhebliches zusätzliches Umsatzpotenzial. Dabei geht es vorwiegend um die Produktgruppen Aperitif, Dessert und Digestif bzw. Kaffeegetränke. Hier werden Artikel an den Mann und an die Frau gebracht, die zwar gerne konsumiert werden, weil sie ein angenehmes Speiseerlebnis abrunden, die aber viele Gäste nicht von sich aus bestellen.

WICHTIG

Der aktive Verkauf von Aperitifs, Desserts und Digestifs bzw. Kaffee eröffnet zusätzliches Umsatzpotenzial.

Besonders eindruckvoll lässt sich das am Beispiel „Dessert“ darstellen. Es gibt eine Reihe guter Gründe, keine Nachspeise zu bestellen: Man ist eigentlich schon satt, sie kostet Geld und macht dick! Dem steht im Grunde nur ein Argument entgegen, allerdings ein schwerwiegendes: Ein gutes Dessert ist einfach lecker!

Der Konflikt ist klar: Der kühle Verstand neigt zu einem Nein, das Gefühl zu einem Ja!

Wenden wir uns an dieser Stelle wieder der Frage zu: Ist es aufdringlich, dem Gast noch ein Dessert anzubieten, wo er doch schon satt ist, wo es doch Geld kostet und dick macht? Überlegen wir uns, weshalb der Gast zu uns gekommen ist. Angenommen es handelt sich um zwei Personen, die abends zum Speisen ins Restaurant gekommen sind. Es lassen sich einige Dinge mit hoher Wahrscheinlichkeit feststellen:

- Die beiden haben schon zu Hause beschlossen, es sich heute Abend gut gehen zu lassen.
- Sie wissen, dass sie für Luxus Geld ausgeben, denn satt werden könnten sie daheim billiger.
- Sie wollen für dieses Geld bestens bedient werden.

Der Gast will genießen

Diese Fakten machen deutlich, dass von Aufdringlichkeit keine Rede sein kann. Vielmehr darf der Gast von einem guten Service erwarten, dass ihm ein Genuss geboten und nicht vorenthalten wird. Das Anbieten des Desserts zur Abrundung der Speisen ist geradezu Pflicht. Ich sage den Teilnehmern meines Seminars, sie wären die „Genussbeauftragten“ des Gastes, denn, wie oben dargelegt, die Gäste wollen besten Service. Dann sind sie auch bereit, gutes Geld dafür zu bezahlen, und daran, dass sie genießen wollen, besteht kein Zweifel.

WICHTIG

Eine gute Servicekraft versteht sich als „Genussbeauftragter“ des Gastes.

Da nicht alle Menschen die Gabe haben, reuelos zu genießen, muss der Genussbeauftrage dem Gast beim Genuss behilflich sein. Aus diesem Grund reicht es nicht aus, dem Gast auf Verlangen eine Nachspeise anzubieten, sondern sie muss ihm aktiv angeboten werden.

Dabei ist natürlich ganz entscheidend, auf welche Weise das geschieht. Es gibt eine ganz klare Regel: Immer Konkretes anbieten! Das bedeutet, dass Sie Ihren Gast nicht fragen sollen, ob er denn noch eine Nachspeise wünsche, sondern dass Sie ihm ein ganz konkretes Dessert anbieten. Sie fragen also beispielsweise: „Wie wäre es zur Abrundung noch mit einer Mousse au Chocolat?“ und nicht: „Darf ich Ihnen noch die Dessertkarte bringen?“

Konkrete Angebote sind verlockender

Es ist ganz leicht zu erklären, warum das konkrete Angebot viel besser funktioniert als das allgemeine. Die allgemeine Frage richtet sich an den Verstand des Gastes. Und wie schon beschrieben, der Verstand hat gute Gründe, Nein zu sagen. Das direkte Anbieten einer bestimmten Speise, in unserem Beispiel die Mousse au Chocolat, richtet sich direkt an den Bauch, direkt an die Lust des Gastes, weil eine konkrete Vorstellung entsteht und damit ein konkreter Wunsch.

Der Verkaufserfolg ist beim konkreten Angebot viel höher als im anderen Fall. Das bringt zusätzlich Geld in die Kasse und erhöht auch den Genuss Ihres Kunden. Es gibt nur Gewinner!

Mit dem Aperitif verhält es sich genauso. Fragen Sie nicht, ob der Gast vorweg einen Aperitif möchte, sondern bieten

Sie einen bestimmten an. „Wie wäre es mit einem Glas Sekt vorweg?“ Glauben Sie mir, mit dieser Frage steigern Sie Ihren Umsatz garantiert.

Bieten Sie immer konkrete Produkte an!

WICHTIG

Beim Digestif bzw. beim Kaffee ist ausnahmsweise auch der „Verkäufertrick“ der Entweder-oder-Frage erlaubt. Ansonsten sollten Sie mit solchen Tricks vorsichtig sein. Die kennt schon jeder.

Vorsicht mit alten „Verkäufertricks“

Einmal am Abend aber sei eine solche Frage gestattet. Und wieder gilt: Bieten Sie Konkretes an! „Möchten Sie zum Abschluss einen Grappa oder lieber einen Kaffee?“ So in etwa sollte das letzte Angebot lauten.

Aus meiner Erfahrung weiß ich, dass dieser zusätzliche Verkauf nur funktioniert, wenn Ihre Mitarbeiter entsprechend geschult werden. Wichtig ist, dass Sie darauf achten, dass das Erlernte dauerhaft angewendet wird. Aber dieser Einsatz lohnt sich, wie ein kleines Rechenexempel zeigt.

Schulung ist unerlässlich

Angenommen, Sie verkaufen im Jahr 20 000 Essen. Wenn es Ihnen durch aktiven Verkauf gelingt, nur jedem vierten Gast zusätzlich ein Dessert zu verkaufen, dann reden wir von immerhin 5000 Desserts. Bei einem durchschnittlichen Preis von 4 € pro Dessert bringt das einen Zusatzumsatz von rund 20 000 €! Da muss eine alte Frau lange für stricken.

Durch aktiven Verkauf steigt der Umsatz.

WICHTIG

Sie können Ihre Mitarbeiter beim aktiven Verkauf auch am sportlichen Ehrgeiz packen. Führen Sie beispielsweise Buch darüber, wie bei jedem einzelnen Mitarbeiter das Verhältnis von Hauptgängen zu Desserts bzw. zu Aperitifs ist, und geben Sie Tag für Tag diese Zahlen durch Aushang bekannt. Niemand ist gerne dauerhaft auf dem letzten Platz. Außerdem verschafft Ihnen eine solche Statistik ein unschlagbares Argument. Verlassen Sie sich drauf: Diejenigen unter Ihren Leuten, die sich klar an die erlernten Verkaufspraktiken halten, werden nicht am Ende der Tabelle stehen, sondern diejenigen, die sich nicht daran halten. Und genau diesen können Sie ihre Fehler schwarz auf weiß nachweisen.

Allerdings sollten Sie den Zusatzverkauf nicht übertreiben. Wenn Sie Ihren Gästen neben einem Aperitif noch eine Suppe und eine Vorspeise verkaufen und nach dem Hauptgang noch ein Dessert, einen Kaffee und einen Schnaps (den brauchen sie nach der Völlerei bestimmt), werden diese sich zwar vor Glück kaum noch rühren können, angesichts der Rechnung jedoch auf den Gedanken kommen, dass sie sich so viel Sinnesfreude nicht allzu oft leisten können.
Aber lassen Sie sich von solchen Einwänden keinesfalls grundsätzlich von Zusatzverkäufen abhalten. Ihre Gäste wollen verwöhnt werden!

Aktive Akquisition von Restaurantgästen

Wir haben uns bislang mit dem aktiven Verkauf an die Gäste beschäftigt, die bereits in Ihrem Restaurant sitzen. Es gibt aber auch eine Form des aktiven Verkaufs an Nichtgäste, nämlich die Gästeakquisition.

Wählen Sie eine Zielgruppe aus

Wie heißt es so schön: Kommt der Berg nicht zum Propheten, dann geht der Prophet zum Berg. Übertragen auf die Gastronomie heißt das, dass Sie eben mögliche Gäste aufsuchen müssen, wenn diese (noch) nicht zu Ihnen kommen. Suchen Sie sich eine Zielgruppe aus. Wenn Sie für Ihr Haus eine klare Profilierung haben, ist das nicht so schwer. In anderen Fällen können Sie beispielsweise bestimmte Berufsgruppen auswählen, die Sie für zahlungskräftig halten, wie Ärzte, Anwälte, Notare, Architekten oder Versicherungsagenten. Wenn Sie Ihre Wahl getroffen haben, dann heißt es, dass Sie erst einmal einen Blick ins Branchenbuch werfen sollten, um an die Adressen bzw. Telefonnummern zu kommen. Ist das erledigt, müssen Sie raus aus den eigenen vier Wänden und ran an den möglichen Gast. Im Gepäck sollten Sie etwas mit sich führen, was als Aufhänger für den Besuch dient, zum Beispiel die neue Speisekarte, einen bevorstehenden Event oder Ähnliches.

Eine schöne Speisekarte ist ein passendes Geschenk

Wenn Sie beim Ansprechpartner sind, stellen Sie sich kurz vor und lassen die Speisekarte liegen. Wenn es sich um eine wirklich schön gestaltete Karte handelt, ist dies ein kleines Präsent. Glauben Sie mir, der Erfolg wird nicht ausbleiben. Sehr bald schon werden Sie den einen oder anderen neuen Gast bei Ihnen im Betrieb begrüßen können. Dies liegt nicht zuletzt daran, dass ein solches Vorgehen heute immer noch sehr selten ist. Sie heben sich also damit von anderen ab – und gewinnen.

Diese Form der Akquisition eignet sich beispielsweise auch hervorragend für die Durchführung von Weihnachtsfeiern. Suchen Sie Betriebe auf, bieten Sie sich als möglicher Ausrichter der nächsten betrieblichen Weihnachtsfeier an, und unterbreiten Sie am besten gleich ein konkretes Angebot. Nur für den Fall, dass Sie zu den Menschen gehören, die Sorge tragen, ein solches Vorgehen könnte aufdringlich sein: Vergessen Sie es! Das Gegenteil ist der Fall, Sie erweisen dem Angesprochenen mit hoher Wahrscheinlichkeit einen Gefallen. Der Grund dafür liegt darin, dass die Organisation einer Weihnachtsfeier für die meisten Chefs eher eine Last denn eine Freude sein dürfte. Wie schön also, wenn Sie dem Betreffenden diese Last abnehmen.

Aktiver Verkauf im Hotel

Nicht minder bedeutend ist der aktive Verkauf im Hotel. Da allerdings ist die Aufgabe deutlich anspruchvoller. Es geht dabei um Themen wie Telefonmarketing und Außendienst. Es würde den Rahmen dieses Buchs sprengen, im Detail auf die Verkaufsaktivitäten im Hotel einzugehen, aber ich möchte auf die Notwendigkeit verweisen.

Außendienst ist unerlässlich

Wer seine Zimmer- und Bettenauslastung steigern will, muss raus zum Kunden. Gleich ob es sich dabei um das Akquirieren von Seminaren, von Busgruppen oder von Firmengästen handelt. Ein Kunde, der mit erheblichem Erfolg ein großes Hotel führt, sagte einmal zu mir: „Ein Hotel ist eine reine Vertriebsaufgabe. Ich habe eine extrem verderbliche Ware, nämlich 200 Zimmer, die jede Nacht verderben, wenn niemand drin schläft."

WICHTIG

Ein unbelegtes Zimmer „verdirbt" jede Nacht.

Der Mann hat es auf den Punkt gebracht. Kein Wunder, dass er ursprünglich nicht aus der Branche kam, sondern

als erfolgreicher Vertriebsmann zum Hotelier wurde, wo er vielen Kollegen das Fürchten lehrte.
Der durchschlagende Erfolg von Außendienstaktivitäten liegt darin begründet, dass ein persönlicher Kontakt durch nichts zu ersetzen ist. Wer persönlich Kontakte pflegt, muss sein Geschäft nicht rein über den Preis machen; er kann also noch Geld verdienen.
Ich kenne eine Reihe von Hoteliers und Hotelmanagern, die es vorziehen, die Akquisition zu delegieren oder auszulagern. Ich halte das nicht nur für wenig effektiv, sondern auch für gefährlich.
Vor einiger Zeit begrüßte mich die Geschäftsführerin eines Hotels freudestrahlend. Begeistert erzählte sie mir, dass sie endlich eine gute Akquisiteurin für Ihr Haus gefunden habe. Sie erzählte, sie habe eine Dame engagiert, die diese Tätigkeit seit Jahren erfolgreich ausführe. Und das Beste sei, so schloss sie ihre Ausführungen ab, dass die neue Mitarbeiterin ihre bisherigen Kundenkontakte mitbringe und versuchen werde, diese zukünftig ihrem Hotel zuzuführen. Leider musste ich ihre Euphorie sofort bremsen, indem ich ihr eine einfache Frage stellte: „Und was glauben Sie, macht diese Dame mit Ihren Kunden, wenn sie einmal nicht mehr für Sie arbeitet?"

Ein persönlicher Kontakt ist durch nichts zu ersetzen!

Wer die Kontakte hat, hat die Macht

Der Knackpunkt ist: Ein persönlicher Kontakt ist ein persönlicher Kontakt. Wer die Kontakte hat, hat die Macht. Bedenken Sie, dass in den meisten Fällen die Menschen, die das Hotel buchen, nicht dieselben Personen sind, die später im Hotel wohnen. Das heißt, der Kontakt zum Entscheidungsträger ist verkäuferisch wichtiger als der Kontakt zum Gast. Wenn Sie also den Kontakt zu den Entscheidungsträgern aus der Hand geben, geben Sie praktisch Ihr Hotel aus der Hand!
Natürlich weiß ich, dass viele Hoteliers eine große Scheu vor Außendienstaktivitäten haben. Falls Sie zu dieser Gruppe zählen, kann ich Ihnen durchaus Mut machen. Man muss nicht der geborene Verkäufer sein, um Erfolg zu haben. Verkaufstechniken lassen sich erlernen, und die Erfahrung macht vieles wett. Sobald sich erste Erfolge einstellen, werden Sie diesen Teil Ihrer Tätigkeit lieben!

CHECKLISTE

- Nutzen Sie in Ihrem Restaurant das Umsatzpotenzial, das im aktiven Verkauf liegt?
- Wie viele Hauptgänge verkaufen Sie im Monat und wie viele Desserts? Lässt sich dieses Verhältnis verbessern?
- Werden Ihre Servicekräfte laufend im aktiven Verkauf geschult?
- Besuchen Sie von Zeit zu Zeit Menschen, die Sie gerne als Kunden gewinnen möchten?
- Bieten Sie die Leistungen Ihres Hauses persönlich außer Haus an?
- Verkaufen Sie Ihre Hotelzimmer aktiv, oder verschicken Sie nur Prospekte?
- Sind Sie selbst im aktiven Verkauf geschult?
- Haben Sie noch Handlungsbedarf im Bereich des aktiven Verkaufs? Wenn ja, wann packen Sie es an?

Events

Letztendlich gibt es nur zwei Arten, seine Erlöse zu steigern: Entweder Sie erweitern den Kreis Ihrer Gäste, oder Sie bringen Ihre Gäste dazu, bei Ihnen mehr Geld auszugeben.
Für Letzteres gibt es wiederum verschiedene Möglichkeiten: Sie können die Preise erhöhen, Sie können dem Gast durch aktiven Verkauf zu mehr Konsum und Genuss bewegen, oder Sie sorgen dafür, dass der Gast öfter den Weg zu Ihnen findet. Genau dafür müssen Sie ihm allerdings Gründe liefern.
Selbst veranstaltete Events sind dabei ein probates Mittel. Dennoch sollte man auf einige Dinge achten, damit aus einem möglichen Erfolg kein Misserfolg wird.
Zunächst gilt es, das richtige Thema für einen Event zu finden. Hierbei werden Sie sich selbstverständlich an Ihrer individuellen Profilierung orientieren.
Schon in dieser Phase sollten Sie darauf achten, welche Kosten die Umsetzung Ihrer Idee mit sich bringt. Wenn Sie hohe Gagen für Künstler oder sonstige Akteure zahlen müssen, wird ein wirtschaftlicher Erfolg sehr schwierig.
Im Kapitel Preiskalkulation habe ich das anhand eines Beispiels verdeutlicht.

Günstiges Rahmenprogramm

Wenn Sie es also nicht gewohnt sind, riesige Säle zu füllen, sollten Sie sich ein Rahmenprogramm aussuchen, das kostengünstig oder vielleicht sogar kostenlos ist. Laden Sie sich zum Beispiel einen Winzer ein, der etwas über Weinbau und Weinkunde erzählt und dabei seine eigenen Weine präsentiert. Da er ein Eigeninteresse hat, nämlich den Verkauf seiner Weine, wird er wahrscheinlich kein Geld für seinen Part verlangen.

Es gibt viele gute Themen

Derlei Themen gibt es viele, gleich ob es sich um Mode, Schmuck, Zigarren oder etwas anderes handelt, das geeignet ist, Menschen zu interessieren. Natürlich dürfen Ihre Events nicht zu Verkaufsveranstaltungen verkommen. Eine gewisse Originalität ist daher sicherlich hilfreich. Je nach Art des Betriebs, nach Umgebung und lokalen Besonderheiten können sich ganz unterschiedliche Anlässe für Events finden lassen.

Im Zentrum Ihres Interesses muss jeweils die hervorragende Bewirtung der Gäste stehen. Wenn das Rahmenprogramm interessant ist, darf es auch beim Essen höherwertig und höherpreisig zugehen. Die Erfahrung zeigt, dass es auch in unseren schwierigen Zeiten durchaus Gäste gibt, die bereit sind, für besondere Leistungen gutes Geld zu bezahlen.

Die Qualität des Events prägt Ihren Ruf

Natürlich müssen diese Events auch richtig geplant und beworben werden. Planung und Werbung sind für den Erfolg eines Events von entscheidender Bedeutung! Und die Qualität, mit der Sie eine Veranstaltung meistern, trägt ganz erheblich zu Ihrem Ruf bei.

Dabei muss nicht jede Veranstaltung zwingend darauf ausgerichtet sein, Gewinne zu erwirtschaften. Möglicherweise steht der PR-Effekt für das Haus im Vordergrund, und der wirtschaftliche Erfolg wird erst in der Folge eines sehr gut durchgeführten Events erwartet. In jedem Fall ist es von äußerster Wichtigkeit, dass alles wie am Schnürchen klappt. Um dies zu erreichen, braucht man genügend Zeit, um seine Veranstaltungen vorzubereiten. Ein guter Plan sollte deshalb mindestens 6 Monate umfassen. Spontaneität mag ja durchaus reizvoll und in manchen Lebenslagen sogar unverzichtbar sein, aber sie ersetzt kein planvolles Handeln.

Hinzu kommt, dass Sie Ihre Veranstaltung ordentlich bewerben müssen. Wichtig ist dabei, dass die Kosten für die Werbung in einem gesunden, vertretbaren Verhältnis zu dem erwarteten Erfolg stehen. Teure Zeitungsanzeigen sprengen diesen Rahmen sehr häufig. Außerdem ist die Effizienz solcher Annoncen schwer messbar. Das Rechenbeispiel, das wir im Kapitel Preiskalkulation mit einer hohen Künstlergage gemacht haben, gilt natürlich auch für die Werbung. Wesentlich besser ist es, wenn Ihr Event so attraktiv ist, dass Sie einen redaktionellen Beitrag in der lokalen Presse platzieren können. Dazu müssen Sie Vertreter der lokalen und regionalen Medien persönlich ansprechen.

Binden Sie die Presse mit ein

Entweder laden Sie einen Zeitungsredakteur persönlich zu einem Informationsgespräch ein, oder Sie geben eine abgefasste Pressemitteilung ab. Letzteres hat den Vorteil, dass Sie einerseits dem Journalisten ein wenig von seiner Arbeit abnehmen, was durchaus dankbar aufgenommen wird, und andererseits, dass Sie selbst den erscheinenden Text erheblich beeinflussen können.
Voraussetzung dafür ist allerdings, dass Sie entsprechende Texte verfassen können. Sollten Sie also die Absicht haben, Pressemitteilungen selbst zu schreiben, informieren Sie sich zuvor über die Besonderheiten solcher journalistischer Kurztexte.
Für die meisten ist es einfacher, solche Pressetexte von einem Mediendienst erstellen zu lassen. Ich weiß das, weil wir selbst für viele unserer Kunden diese Pressearbeit erledigen.
Eine sehr große Bedeutung bei der Bewerbung eines Events kommt den vorhandenen Gästen zu. Wenn Sie über eine Gästedatei verfügen, können Sie mit einem Anschreiben auf die geplante Veranstaltung hinweisen. So weit Sie über E-Mail-Adressen Ihrer Gäste verfügen, können Sie via E-Mail besonders kostengünstig auf Ihre Events hinweisen.
Nicht zu vergessen ist schließlich die Inhauswerbung, auf die wir im nächsten Abschnitt eingehen werden. Mittels Tischreitern oder Flyern, die Sie mit dem PC problemlos selbst erstellen können, machen Sie Ihre Gäste auf die Veranstaltung in Ihrem Hause aufmerksam und hoffentlich auch neugierig, denn genau das muss Werbung erreichen, wenn sie effektiv sein soll.

Inhauswerbung

Henry Ford sagte einmal: „Ich weiß, dass die Hälfte des Geldes, das ich für Werbung ausgebe, vergebens ist. Aber ich weiß nicht, welche Hälfte.“ Der Mann ist der Inbegriff des erfolgreichen Unternehmers. Daher würde ich es nie wagen, ihm zu widersprechen.

Vielleicht ist es für Sie aber ganz hilfreich, über eine Werbemöglichkeit nachzudenken, die sehr wirksam ist und dabei nur wenig kostet: Die Inhauswerbung.

Sagen Sie Ihren Gästen, was Sie alles können

Gemeint ist damit, die eigenen Gäste im eigenen Haus für weitere Dienstleistungen und Angebote des Unternehmens zu bewerben.

Das hat gegenüber anderer Werbung zwei bedeutende Vorteile.

1. Da sich die Inhauswerbung ausschließlich an bestehende Gäste des Hauses richtet, dürfen Sie davon ausgehen, dass Ihre Werbung grundsätzlich positiv aufgenommen wird und nicht belästigend wirkt. Letzteres setzt natürlich voraus, dass Sie es nicht übertreiben; doch dazu später mehr.
2. Da sich die Werbemaßnahme in Ihrem eigenen Betrieb abspielt, müssen Sie niemandem Geld für das Bereitstellen von Werbeflächen bezahlen. Ihre Kosten beschränken sich auf die Herstellung der Werbeträger.

Ich will Ihnen gerne zeigen, wie sich das abseits aller Theorie verhält.

Bewerbung eines Events

Wenn Sie eine eigene Veranstaltung durchführen, können Sie auf verschiedenen Wegen darauf aufmerksam machen. Sie können Anzeigen schalten oder Werbespots im Radio laufen lassen, Sie können Flugblätter verteilen oder Plakate kleben, Sie können Stammgäste oder auch fremde Leute anschreiben, oder Sie können die Veranstaltung bei den eigenen Gästen bewerben.

Je nach Art der Veranstaltung werden Sie unterschiedliche Werbemedien einsetzen. Wenn Sie einen bekannten Star präsentieren, für dessen Gage Sie ein ganzes Bierzelt oder einen riesigen Festsaal füllen müssen, gilt es, alle Register zu ziehen. Da wird die Inhauswerbung nur von untergeordneter Bedeutung sein.

Geht es aber um eine kleine, aber feine Veranstaltung in Ihrem Haus, dann kann die Bewerbung Ihrer eigenen Gäste zum entscheidenden Werbemittel werden.
Dafür bieten sich drei einfache Methoden an:

1. Der Flyer

Flyer lassen sich auch selbst herstellen

Mit den modernen Möglichkeiten des EDV-Zeitalters ist ein Werbeflyer einfach zu erstellen. In ihm preisen Sie Ihre Veranstaltung an, weisen auf Zeitpunkt, Ort und eventuell Preis des Events hin und sorgen dafür, dass kein Gast das Haus ohne diesen Flyer verlässt. Das heißt, irgendwo verschämt auslegen reicht nicht. Vielmehr müssen Sie Ihren Servicekräften auftragen, den Flyer an alle Gäste zu verteilen. Dafür gibt es zwei gute Zeitpunkte, nämlich entweder den, wenn der Gast die Bestellung aufgegeben hat, weil er dann, während er auf das Essen wartet, Zeit zum Lesen hat, oder Sie überreichen den Flyer, wenn der Gast gehen will. Dann nimmt er diese Info mit nach Hause. Der erste Zeitpunkt ist allerdings klar der bessere, weil dann der Gast noch die Möglichkeit hat, Fragen zu stellen oder vielleicht auch schon eine Platzreservierung abgeben kann.

2. Die persönliche Ansprache

Natürlich sollte der Flyer nicht wortlos übergeben werden. Viel besser ist es, wenn gleich noch ein paar erläuternde Worte gesagt werden. Bei großem Gästeandrang wird das oft nicht möglich sein, aber wenn ein bisschen Zeit ist, bietet das persönliche Gespräch die beste Möglichkeit, um den Gast gleich fest für die Veranstaltung zu gewinnen.

3. Der Tischreiter

Tischreiter sind höchst effektiv

Sie können auch an Stelle eines Flyers einen Tischreiter erstellen, der eine kurze Info zur anberaumten Veranstaltung enthält. Tischreiter werden erfahrungsgemäß hervorragend wahrgenommen. Natürlich wirkt auch dieses Werbemittel am besten in Verbindung mit der persönlichen Ansprache des Gastes.

Mir fällt in diesem Zusammenhang ein Erlebnis mit einem Kunden ein. Wir hatten zusammen einen Event konzipiert, von dem wir uns erhofften, dass er den Gästen sehr gut gefallen wird und darüber hinaus zu einer positiven, aktiven Mundpropaganda führt.

Wir hatten uns eine ganze Palette von Möglichkeiten ausgedacht, um die Veranstaltung zu bewerben. Unter anderem hatten wir geplant, in der Fußgängerzone Flugblätter zu verteilen. Selbstverständlich war auch die Inhauswerbung ein Teil unserer Werbestrategie. Wir machten Tischreiter, und zusätzlich sollten die Gäste auf die Veranstaltung angesprochen werden. Die Werbeaktion mit den Tischreitern begann an einem Freitag. Am Montag schon rief mich mein Kunde an und erzählte mir voller Begeisterung, dass bereits am Sonntagabend der letzte Platz verkauft worden war. Wir mussten keine Flugblätter mehr verteilen und keinen Cent für Anzeigen ausgeben. Trotzdem war der Laden voll!

Bewerbung des hoteleigenen Restaurants

Schon oft haben mir Hotelbetreiber ihr Leid drüber geklagt, dass ihre Hausgäste abends nicht bei ihnen, sondern bei einem Konkurrenten essen. Erst kürzlich hat mir der Manager eines namhaften 4-Sterne-Hotels erzählt, dass das feine Restaurant des Hauses meist nur schwach besucht sei, während die Hotelgäste an der Rezeption fragten, wo denn die nächste Pizzeria sei.

Machen wir uns nichts vor: Wenn der Gast partout abends noch raus will, dann werden Sie ihn daran nicht hindern können. Wenn er aber einfach nur nach einer Möglichkeit sucht, in netter Atmosphäre ein gutes Abendessen zu genießen, dann stehen Ihre Chancen gut, wenn Sie den Gast entsprechend dazu einladen. Zwei Möglichkeiten bieten sich dafür an. Die erste, wenn der Gast das Haus betritt. Beim Einchecken sollte der Mitarbeiter an der Rezeption den Gast fragen, ob er für ihn abends einen Tisch im Restaurant reservieren soll.

Die Speisekarte muss auf dem Zimmer ausliegen

Die zweite Gelegenheit bietet sich auf dem Zimmer. Legen Sie dort – an einem auffälligen Platz – Ihre Speisekarte aus, vielleicht sogar offen. Wenn Ihre Speisekarte entsprechend interessant gestaltet ist, wird der Gast sie zur Hand nehmen, und er wird neugierig werden auf die angebotenen Gerichte. Wieso soll er dann noch lange ein anderes Lokal suchen, wenn er doch sieht, wie gut es ihm in Ihrem Restaurant geht.

Einer meiner Kunden hat das dargestellte Problem in besonderem Maße, da Hotel und Restaurant über 200 Meter auseinander liegen und auf dem Weg mehrere Lokale liegen. Seit er auf den Zimmern die Speisekarte ausliegen hat, konnte er seinen Restaurantumsatz mit Hotelgästen um mehr als 20 % steigern! Der einzige „Nachteil" bei der Sache sei, wie mir mein Kunde schmunzelnd erzählte, dass so viele Gäste die Speisekarte mit nach Hause nehmen würden. Wie schön, wenn der Gast auch noch Werbung für das Haus mitnimmt, um sie anderen zu zeigen!

Bewerbung weiterer Dienstleistungen

Sagen Sie Ihren Gästen eigentlich, was Sie alles können, oder warten Sie, bis Sie danach gefragt werden? Wenn Sie neben dem üblichen À-la-carte-Angebot auch noch Feierlichkeiten in den eigenen Räumen ausrichten oder als Caterer auftreten, dann sollten Sie Ihre Gäste darauf hinweisen. Die dafür zu verwendenden Mittel sind die gleichen wie bei der Bewerbung eines Events. Versorgen Sie Ihre Gäste dezent mit Flyern, oder werben Sie mittels eines Tischreiters, legen Sie ein Blatt in Ihre Speisekarte ein, oder sprechen Sie Ihre Gäste einfach an. Sie müssen keine Angst haben, dass Sie aufdringlich sind. Ganz im Gegenteil. Wenn Ihr Gast mit Ihrer Leistung zufrieden ist und gerne Ihre gastronomischen Dienste in Anspruch nimmt, ist er wahrscheinlich dankbar wenn er erfährt, dass Sie auch bereit sind, seine nächste Geburtstagsfeier, die Silberhochzeit oder das Betriebsfest auszurichten.

Werben Sie um die Wette

Vergessen Sie nicht, im Wettbewerb stehen heißt, eben um die Wette werben. Da ist vornehme Zurückhaltung keine Gewinnerstrategie, vielmehr dürfen Sie Ihr Licht nicht unter den Scheffel stellen.

Was auch immer Sie an den Mann oder an die Frau zu bringen gedenken, lassen Sie es Ihre Gäste wissen, denn nur der Kunde, der ihr Angebot kennt, kann es auch in Anspruch nehmen.

Lassen Sie mich an dieser Stelle noch einmal Henry Ford zitieren, der einmal sagte: „Und selbst wenn ich eine Million Dollar verschenken möchte, müsste ich dafür werben, weil sonst niemand käme, um sie abzuholen."

CHECKLISTE

- Welche Möglichkeiten der Inhauswerbung nutzen Sie bisher?
- Weisen Sie Ihre Gäste durch Flyer oder Tischreiter auf eigene Veranstaltungen oder weitere Leistungen Ihres Hauses hin?
- Sprechen Sie Ihre Gäste auf Aktivitäten Ihres Hauses persönlich an?
- Liegt auf Ihren Hotelzimmern eine Speisekarte Ihres Restaurants offen aus?
- Haben Sie bezüglich der Inhauswerbung noch Handlungsbedarf? Wenn ja, wann packen Sie es an?

Kleine Tipps für gutes Plus

Optimierung der Speisekarte I: Auswahl der Produkte

Wissen Sie eigentlich genau, welche Ihrer Speisen richtig gut laufen und welche nur selten bestellt werden? Wenn Ihr Kassensystem nicht allzu alt ist, müsste es in der Lage sein, Ihnen eine entsprechende Aufstellung der „Renner und Penner" auszudrucken. Diese Liste ist der Ausgangspunkt für einen wichtigen Optimierungsvorgang, der darauf abzielt, die Rentabilität zu verbessern und dadurch die Erlöse zu steigern.

Zu einem wirksamen Instrument wird diese Aufstellung der „Renner und Penner" allerdings erst zusammen mit einer funktionierenden Produktkalkulation. Nur wenn Sie wissen, mit welchem Profit Sie welches Produkt verkaufen, können Sie auch entsprechend reagieren.

Gut verkaufen heißt noch nicht gut verdienen

Ich will dies an einigen Beispielen erläutern. Angenommen, Sie haben ein sehr gut laufendes Gericht, während Ihre Kalkulation zeigt, dass Sie – verglichen mit anderen Speisen aus Ihrem Angebot – nur wenig daran verdienen. In diesem Fall ist wahrscheinlich ein niedriger Preis der Grund für den Erfolg des Produkts. Da Sie daran jedoch nur wenig verdienen, ist es in Wirklichkeit gar kein echter Erfolg; denn Sie machen zwar eine Menge Umsatz mit diesem Gericht, aber kaum Gewinn.

Um dies zu verändern, müssen Sie den Preis – möglicherweise schrittweise – anheben. Falls das nicht machbar ist, dürfen Sie dieses Essen zumindest nicht mehr offensiv anbieten. Es sei denn, sie verkaufen das Produkt in derart großen Stückzahlen, dass Sie auch bei einer geringen Marge viel Geld verdienen. (Das ALDI-Prinzip.)

Umgekehrt kann es sein, dass Sie bei einem Gericht zwar eine hohe Spanne haben, es jedoch wenig nachgefragt wird. In diesem Fall kann man versuchen, das Gericht entweder durch eine Preissenkung attraktiver zu machen oder es auf der Speisekarte besonders hervorzuheben.

Weg mit unrentablen Gerichten!

Vielleicht haben Sie sogar Gerichte auf Ihrer Karte, die bei einer schlechten Gewinnmarge nur wenig nachgefragt werden. In diesem Fall gibt es nur eine mögliche Konsequenz: Streichen Sie diese Gerichte von der Karte, um Platz zu machen für andere, die möglicherweise erfolgreicher sind.

Der Idealfall sieht natürlich so aus, dass Sie Renner haben mit guter Spanne. Obwohl das die Ausnahme darstellt, ist es das Ziel dieser Vorgehensweise; denn dadurch, dass man unrentable Produkte entweder preislich anpasst oder ganz von der Karte nimmt und durch neue ersetzt, optimiert man nach und nach sein Angebot.

Die Voraussetzungen sind im Grunde genommen einfach: Sie brauchen kalkulierte Preise, eine Aufstellung der „Renner und Penner“ und nicht zuletzt den Mut, ein Produkt von der Karte zu nehmen, das Sie nicht weiterbringt.

Optimierung der Speisekarte II: Preisgestaltung

Preiserhöhungen sind immer schwierig. Für die Gastronomie gilt das in besonderem Maße, da sie nach Einführung des Euros – meines Erachtens völlig zu Unrecht – zum Sündenbock für da und dort auftretende Preissteigerungen gemacht worden war. Sie alle erinnern sich noch an die leidvolle Teuro-Diskussion, die der Branche jahrelang nachhing.

Hinter dem Komma ist der Gast großzügig

Wo es allerdings gefahrlos möglich ist, sollte man eine Preisanpassung unbedingt vornehmen. Und das ist überall da, wo Preisveränderungen keine Auswirkungen auf die Kaufentscheidung des Gastes haben. Dies gilt vorwiegend für die Beträge hinter dem Komma, also für die Cents.

Es mag sich auf den ersten Blick nach einer Kleinigkeit anhören, wenn ich auf den Unterschied hinweise, ob ein

Essen beispielsweise 12,50 € oder 12,90 € kostet. In Wirklichkeit ist es alles andere als eine Kleinigkeit!
Sie müssen bedenken, dass es sich dabei um einen Mehrerlös handelt ohne irgendwelche zusätzliche Kosten. Dieser Mehrumsatz ist direkter Gewinnzuwachs!
Angenommen, Sie verkaufen 20000 Essen im Jahr, dann reden wir hier von nicht weniger als 8000 € zusätzlichen Reingewinns. Dafür müssen Sie eine Menge Bier zapfen! Für den Gast hingegen sind die 40 Cent mehr tatsächlich nur eine Kleinigkeit. Es ist abwegig anzunehmen, ein Gast würde ein Essen für 12,50 € nehmen und es bei einem Preis von 12,90 € ablehnen. Wichtig ist, dass die Zahl vor dem Komma gleich bleibt. Im Bewusstsein des Gastes ist eine Preissteigerung von 12,90 auf 13 € deutlicher als die von 12,50 auf 12,90 €, obwohl letztere Anhebung in Wirklichkeit viel höher ist.

Achten Sie auf die 10-€-Schwelle

Besonders bedeutsam ist dabei die 10-€-Schwelle. Hier gibt es meines Erachtens nur zwei Möglichkeiten. Entweder Sie bleiben haarscharf drunter, oder Sie gehen deutlich drüber. Es gibt nun einmal Gäste, die unbedingt für weniger als 10 € essen wollen. Für diese Menschen ist alles bis 9,99 € akzeptabel, alles darüber dagegen nicht. Gäste, die sich solche Einschränkungen nicht auferlegen, sind auch bereit, deutlich mehr auszugeben.
Daher plädiere ich dafür, dass es keine Preise auf Ihrer Speisekarte geben sollte mit einer 10 vor dem Komma. Nach 9,90 € kommen gleich 11 €. Alles dazwischen macht verkaufstechnisch keinen Sinn. Wer bereit ist, für ein Essen 10,50 € auszugeben, bezahlt auch klaglos 11 €. Oder kennen Sie einen Gast der sagt, für 10,50 € hätte er bei Ihnen gegessen, aber wenn es 11 € kostet, geht er lieber in ein anderes Lokal?
Ich habe Kunden, die gewisse Schwierigkeiten mit Preisen haben, die mit 90 Cent enden. Das Argument lautet dann, das sehe wie im Supermarkt aus. Selbstverständlich gibt es vornehme Restaurants, in denen eine kleinlich aussehende Preispolitik nicht zum Image des Hauses passt. Solche Restaurants werden wahrscheinlich ohnehin nur Preise mit runden Beträgen haben.

Zu stolz für einen schönen Urlaub?

Alle anderen aber sollten nicht stolzer sein als die übrigen Anbieter am Markt. Der Kompromiss, statt 90 Cent nur 80 Cent zu nehmen, kostet Sie in unserem Beispiel 2000 € im Jahr. Das ist ein schöner Urlaub!

Im Bereich derartiger Preisanpassungen liegen bei vielen Gastronomen noch Möglichkeiten der Gewinnsteigerungen. Vielleicht gibt es auch auf Ihrer Speisekarte noch brach liegendes Erfolgspotenzial. Schauen Sie nach!

Angebote für den späten Gast

Das Konsumverhalten der Menschen in unserer Gesellschaft verändert sich laufend. Zum Teil geht es dabei um kurzlebige Trends, zum Teil aber auch um grundsätzlichere Dinge. Während es in aller Regel wenig sinnvoll ist, einer jeden Mode hinterherzulaufen, muss man auf langfristige Veränderungen reagieren.

Eines dieser neuen Verhaltensmuster ist, dass sich die Leute nicht mehr in demselben Maße starren Tagesabläufen unterwerfen, wie das früher der Fall war, als es pünktlich um 12 Uhr Mittagessen gab und um Punkt 18 Uhr Abendbrot. Die seit Jahren andauernden Diskussionen um die vollständige Aufhebung der Ladenschlusszeiten belegen dies.

Die Gäste wollen essen, wenn sie hungrig sind

Heute essen die Menschen dann, wenn sie Hunger oder Appetit haben, egal wie spät es ist. Für die jungen Menschen gilt dies ganz besonders – und diese sind schließlich die Gäste der Zukunft.

Als Gastronom sollte man darauf reagieren, allerdings ohne den Blick auf die Kosten zu verlieren. Durchgehend warme Küche mit voller Karte kann sich höchstens leisten, wer eine hoch frequentierte Lage hat. Alle anderen müssen entweder die Angebotszeiten einschränken oder ihre Leistungen.

In vielen Betrieben schließt die Küche abends zwischen 21 und 22 Uhr. Es gibt aber immer mehr Gäste, die selbst zu vorgerückter Stunde noch etwas essen möchten. Dass man jedoch kurz vor Mitternacht kein mehrgängiges Menü mehr kocht, ist dem Kunden klar. Aber eine Kleinigkeit sollten Sie ihm bieten, wenn Sie ihn als Stammgast behalten wollen.

Stellen Sie eine kleine Karte zusammen mit Speisen, die vom Küchenteam vorbereitet und später ohne großen Aufwand – von einer Hilfskraft oder sogar vom Servicepersonal selbst – fertig zubereitet werden können. Die Auswahl muss jedoch nicht riesig sein. Es genügen einige wenige Gerichte.

Besonders am Wochenende dürfte ein solches Angebot auf Interesse stoßen. Sei es, dass junge Leute noch schnell eine Kleinigkeit zu sich nehmen wollen, ehe sie ausgehen, oder dass Gäste nach dem Kino- oder Theaterbesuch noch ein wenig Hunger haben. In jedem Fall wird derjenige Betrieb das Geschäft machen, der die gewünschte Leistung bietet.

Bei einer entsprechend guten Vorbereitung sollte eine solche Angebotserweiterung in den meisten Fällen keine Probleme bereiten. Natürlich muss sich das Neue bei Ihren Gästen und denen, die es werden sollen, erst einmal herumsprechen. Aber wer nicht anfängt, kommt auch nicht ans Ziel. Also, überlegen Sie sich, ob eine „Kleine Karte für späte Gelüste" etwas für Ihren Betrieb ist.

Wochenendbelegungen im Hotel

Wenn Sie in Ihrem Hotel vorwiegend Business-Gäste beherbergen – seien es Seminarteilnehmer, Handlungsreisende oder Gäste von ortsansässigen Firmen –, dann kennen Sie das Problem: Leere Betten am Wochenende. Eine Zauberlösung für dieses Thema kann ich Ihnen leider nicht anbieten, aber vielleicht ein gutes Mittel, um den Schmerz etwas zu lindern.

Wieder einmal: Bewerben Sie den eigenen Gast!

Versuchen Sie doch, Ihre Business-Gäste am Wochenende als Kurzurlauber wiederzugewinnen. Der große Vorteil dabei ist, dass die Beworbenen Ihr Haus bereits kennen und hoffentlich auch schätzen; sie wissen also, was sie bekommen werden.

Ihnen als Betreiber verschafft das die Möglichkeit, ohne Streuverluste zu werben. Alles, was Sie liefern müssen, sind Gründe, die es lohnenswert machen, Ihr Unternehmen als Aufenthaltsort zum Beispiel für einen Wochenendtrip zu wählen. Vielleicht liegt der Grund schon in Ihrem Haus selbst, weil Sie über bemerkenswerte Wellness-Einrichtungen verfügen oder eine andere reizvolle Attraktion anzubieten haben, vielleicht das spezielle Thema Ihres Betriebs. Wahrscheinlicher ist allerdings, dass sich die Gründe im Umfeld finden lassen. Und da hält erfreulicherweise jede Ecke Deutschlands Sehens- und Erlebenswertes parat, man muss nur die Augen offen halten.

Ob es sich nun um eine große Stadt handelt, die in Ihrer Nähe liegt, eine besondere Kirche oder ein herrliches Wandergebiet, ein idyllisch gelegener See oder ein archäologischer

Fundort, ob man Rundflüge mit kleinen Flugzeugen machen oder eine gepflegte Partie Golf spielen kann – mit Sicherheit gibt es auch bei Ihnen um die Ecke Plätze und Einrichtungen, die für Fremde einen Besuch lohnenswert machen.
Der angesprochene Gast war vielleicht schon mehrfach bei Ihnen, aber immer nur geschäftlich. Deshalb hatte er niemals Zeit, die schöne Gegend zu genießen, was ihm eigentlich Leid tut. (Glauben Sie es mir, ich bin selbst viel unterwegs und kenne das nur zu gut!)
Genau hier können Sie den Hebel ansetzen. Teilen Sie Ihren Gästen mit, wie schade Sie es finden, dass er dieses oder jenes Sehenswerte noch gar nicht kennen gelernt hat. Wenn Sie in einem kurzen und anschaulichen persönlichen Anschreiben die Vorzüge Ihrer Heimat vorstellen, dann kann es gut sein, dass sich die angesprochenen Personen entschließen, zusammen mit Partnerin oder Partner oder mit der Familie ein paar Tage zu Ihnen zu kommen.
Zumindest steht es außer Frage, wo Ihre so angesprochenen Geschäftskunden einkehren, wenn sie sich zu einem Kurzurlaub in Ihrer Gegend entschließen.

Komplettangebote am Wochenende

Wenn Ihre Zimmerauslastung am Wochenende traurig ist, können Sie das Ganze durchaus preislich attraktiv verpacken, indem Sie beispielsweise Komplettangebote für Wochenendausflügler gestalten.
Vorteilhaft ist es auch, pro Person und Abend einen Essensbon über beispielsweise 5 € mit in das Paket zu schnüren, weil dann die Gäste mit großer Wahrscheinlichkeit auch abends bei Ihnen essen.
Schon seit einigen Jahren empfehle ich meinen Kunden ein solches Vorgehen. Gerade deshalb finde ich es bemerkenswert, dass jetzt auch das Land Baden-Württemberg genau mit einem Slogan wirbt, der darauf abzielt.
Der Werbespruch lautet: „Wenn Sie mit den Kollegen hier waren, werden Sie mit der Familie wiederkommen wollen." Sag ich doch!

Umgang mit Stornierungen

Geschäfte mit Reisegruppen sind für den Hotelier interessant und lukrativ – aber auch schwierig. Ein Hauptproblem sind die häufig kurzfristigen Stornierungen.
In den Hotels richten diese erhebliche Schäden an. Der fest eingeplante Umsatz geht verloren, und meist ist die

Zeit zu knapp, um neue Gäste zu akquirieren. Ganz besonders ärgerlich ist die Sache dann, wenn Sie in Erwartung der angekündigten Gruppe zum besagten Zeitpunkt noch andere Anfragen hatten, die Sie absagen mussten.
Viele Reise- oder Seminarveranstalter verlassen sich trotzdem darauf, dass jede Stornierung in der Aussicht auf zukünftige Geschäfte kulant behandelt wird – also darauf, dass keine Stornogebühren erhoben werden.
Häufig wollen die Kunden sogar von vorneherein ein Recht zu kostenlosem Storno eingeräumt bekommen. An dieser Stelle lässt sich unter Umständen das Problem anpacken, um mit Stornierungen besser umgehen zu können.
Bieten Sie von sich aus ein Recht zur kostenfreien Vertragskündigung bis spätestens 30 Tage vor Reiseantritt an. Ehe Sie mich jetzt für verrückt erklären, lesen Sie erst einmal weiter.
Zunächst bringt Ihnen Ihr Rücktrittsangebot schon in der Akquisitionsphase einen Vorteil gegenüber Mitbewerbern, die dies nicht so handhaben.

Vereinbaren Sie ein gegenseitiges Stornorecht

Darauf kommt es mir aber nicht an. Interessant wird die Sache nämlich vor allem dadurch, dass Sie dem Kunden nicht ein einseitiges Stornorecht einräumen, sondern dass Sie vertraglich ein gegenseitiges Stornorecht vereinbaren!
Das bedeutet, nicht nur der Kunde, sondern auch Sie als Hotelier können den Auftrag stornieren. Und Sie werden sehen: Genau das verbessert ganz erheblich Ihre Handlungsmöglichkeiten.
Bisher mussten Sie auf Grund einer Gruppenbuchung eine entsprechende Anzahl von Zimmern reserviert halten. Kam es dann 4 Wochen vor Anreise zu einer Absage, waren Sie mit einiger Wahrscheinlichkeit nicht mehr in der Lage, die Zimmer neu zu belegen. Und das, obwohl Sie vielleicht für den fraglichen Zeitraum noch andere Anfragen hatten, die Sie jedoch – im Vertrauen auf die erfolgte Buchung – abgelehnt hatten. Sie standen mit leeren Händen da.
Ihr eigenes Stornorecht gibt Ihnen jedoch die Chance, Überbuchungen anzunehmen, also beispielsweise zwei Gruppen gleichzeitig zu akquirieren, obwohl dafür Ihre Betten nicht ganz ausreichen.

Keine Angst vor Überbuchungen

Erfolgt dann von Kundenseite ein Storno, haben Sie wenigstens noch die andere Gruppe im Haus. Kommt es zu keiner Vertragskündigung, dann müssen Sie sich rechtzeitig vor Ablauf der Stornofrist mit den Veranstaltern in Verbindung setzen und definitive Zusagen einfordern. Sagen beide Gruppen zu, dann müssen Sie noch das Problem mit den überzähligen Gästen klären. Aber Probleme mit Überbuchungen sind allemal angenehmer (und lukrativer) als Probleme wegen eines leer stehenden Hauses.

Um mit Überbuchungen fertig zu werden, ist es notwendig, dass Sie ein oder zwei Partnerhotels in Ihrer Nähe haben, die einen Überhang aufnehmen können und wollen. Hat also die erste Gruppe fest zugesagt, so müssen Sie der zweiten Gruppe mitteilen, dass Sie einige Gäste adäquat außer Haus unterbringen müssen.

In den meisten Fällen dürfte das unproblematisch sein. Sollte der Veranstalter jedoch absolut nicht damit einverstanden sein, dann müssen Sie gegebenenfalls den Vertrag von Ihrer Seite her stornieren. Auf Grund der getroffenen Regelung können Sie das. Die meisten Veranstalter werden dann – wenn auch zähneknirschend – mit einer teilweisen Ausquartierung der Gäste einverstanden sein. Das ist allemal besser, als wenn Sie ein leeres Haus haben. Zugegeben: Unter Umständen verärgern Sie einen Kunden damit, und er kommt nicht wieder. Insgesamt aber werden Sie den Erfolg Ihres Unternehmens steigern. Wenn Sie – was Sie ohnehin müssen – Ihre Hotelbetten aktiv verkaufen, dann gibt es zur Methode „Überbuchung" überhaupt keine Alternative.

CHECKLISTE

- Überprüfen Sie regelmäßig Ihre Renner- und Penner-Liste?
- Verschenken Sie Geld bei der Preisfindung?
- Haben Sie einfache Speisenangebote für den späten Gast?
- Bieten Sie den Business-Gästen spezielle Programme für einen privaten Wochenendaufenthalt an?
- Haben Sie ein vernünftiges System, wie Sie mit Stornierungen umgehen?

MITARBEITER

Motivation

Ohne Motivation läuft nichts!

Wenn Sie Ihren Betrieb nicht alleine führen, sind Sie bei der Umsetzung auch noch so guter Ideen nicht nur auf die Fähigkeiten Ihrer Mitarbeiter angewiesen, sondern auch auf deren Motivation. Während sich nämlich Fähigkeiten durch Schulungen und Unterweisungen stets verbessern lassen, klappt ohne Motivation nichts. Deshalb ist sie ein ganz entscheidender Erfolgsfaktor.
Motivation ist nichts anderes als die Antwort auf die Frage: „Warum soll ich das tun?“ Die herausragende Bedeutung der Motivation lässt sich sehr schön an einem Beispiel verdeutlichen.
Bei meinen Seminaren stelle ich den Teilnehmern eine einfache Frage:
„Stellen Sie sich vor, auf dem Tisch steht eine Flasche Wein. Was brauchen Sie alles, um den Wein trinken zu können?“

Faktoren des Handelns

Nach und nach sammle ich die Antworten ein. Dabei kristallisieren
sich vier entscheidende Faktoren heraus:
1. Ich brauche einen Korkenzieher.
2. Ich muss wissen, wie der Korkenzieher zu bedienen ist.
3. Ich brauche die Erlaubnis, die Flasche zu öffnen.
4. Ich brauche einen Grund, sie zu öffnen.

Dieses Beispiel lässt sich leicht verallgemeinern, denn diese vier Faktoren sind die Grundlagen für jedes Handeln.
Um etwas zu tun, brauche ich
1. das Handwerkszeug,
2. die Fertigkeit, damit umzugehen,
3. die Erlaubnis, es zu tun,
4. den Grund bzw. die Motivation, es zu tun.

Im nächsten Schritt beschäftigen wir uns mit der Frage, welche Folgen es hat, wenn nicht alle Faktoren des Handelns vorhanden sind. Was passiert, wenn beispielsweise das Handwerkszeug, die Fertigkeit, die Erlaubnis oder die Motivation fehlen? Wir überlegen uns, welche Faktoren eventuell ersetzt werden können und welche für ein erfolgreiches Handeln unverzichtbar sind.

Was kann ich tun, wenn ich das Handwerkszeug nicht habe?

Es gibt verschiedene Möglichkeiten:

- Ich kann zusehen, wo ich das Handwerkszeug – in unserem Fall den Korkenzieher – herbekomme.
- Ich kann versuchen, ein Ersatzwerkzeug zu finden, in unserem Beispiel vielleicht ein entsprechend ausgerüstetes Taschenmesser.

Probleme bzgl. des Handwerkszeugs lassen sich lösen.

Was kann ich tun, wenn ich mit dem Handwerkszeug nicht umgehen kann?

Auch hier finden wir zwei Möglichkeiten:

- Ich lerne, damit umzugehen.
- Ich suche mir jemanden, der damit umgehen kann.

Auch dieses Problem lässt sich also lösen.

Was kann ich tun, wenn ich keine Erlaubnis habe?

Die Antwort ist ganz einfach, und diesmal gibt es sogar drei Varianten:

- Ich hole mir die Erlaubnis ein.
- Ich suche nach jemandem, der die Erlaubnis hat.
- Ich mache es ohne Erlaubnis.

Wie Sie sehen, stellt auch das Fehlen des dritten Faktors kein unüberwindliches Hindernis dar.

Wie aber sieht es aus, wenn mir die Motivation zur Handlung fehlt, wenn ich weder Grund noch Lust habe, die Weinflasche zu öffnen?

Fehlende Motivation ist durch nichts zu ersetzen

Dann sind wirklich Hopfen und Malz verloren. Fehlende Motivation ist durch absolut nichts zu ersetzen. Das bedingt den besonderen Wert der Motivation, weil es ohne sie keine Handlung gibt!

WICHTIG

Als Chef eines Unternehmens oder einer Organisation sind Sie für die Motivation Ihrer Mitarbeiter verantwortlich, wobei völlig gleichgültig ist, ob Sie Fußballtrainer, Vertriebsleiter oder eben Gastronom sind.

Dabei gibt es ganz unterschiedliche Ursachen für Motivation. Ich will nur einige nennen:

1. Angst
Sei es um den Arbeitsplatz, um die Gesundheit, vielleicht sogar um das Leben, wobei Letzteres im Arbeitsalltag nicht vorkommen sollte.

2. Persönliche Beziehungen
Wenn es um einen geliebten Menschen geht, werden Sie sicher entschlossener zu Werke gehen als bei einem Fremden.

3. Verantwortungsbewusstsein
Sie sind jemand, der niemanden enttäuschen will. Wenn Sie eine Aufgabe angenommen haben, führen Sie diese auch durch.

4. Ehrgeiz
Sie wollen es sich und anderen zeigen!

Diese Liste ließe sich nahezu beliebig verlängern, ich möchte es aber in diesem Rahmen bei den aufgezeigten Punkten belassen.

Arten der Motivation

In der Psychologie unterscheidet man zwischen innerer Motivation und äußerer Motivation.

Innere Motivation

Freude an der Arbeit ist ein Muss!

Mit innerer Motivation bezeichnet man den von einem selbst herauskommenden Antrieb. Hier ist der eigene Wunsch, etwas zu tun, die Antriebsfeder für das Handeln. Wenn Sie gute Mitarbeiter haben wollen, müssen Sie dafür sorgen, dass diese möglichst von sich aus gute Leistungen bringen wollen. Voraussetzung dafür ist, dass es sich bei den Mitarbeitern um Menschen handelt, die grundsätzlich Freude an der Arbeit haben. Notorische Faulpelze werden auch unter optimalen Arbeitsbedingungen keine engagierten Kräfte. Wer aber generell Bereitschaft zur Leistung zeigt, der kann durch gezielte Förderung noch weiter gestärkt werden.

Mitarbeiter, die gerne etwas leisten, werden an einer gestellten Aufgabe wachsen, und wenn sie außerdem ehrgeizig sind, was Leistungsbereitschaft voraussetzt, werden sie ihre Sache gut machen wollen.

Das können sie aber nur, wenn Sie als Chef dem Mitarbeiter die Chance dazu geben. Nur wenn Sie eigenverantwortliches Handeln zulassen, kann der Gute sich bewähren, und daher erfahren Sie nur unter solchen Bedingungen, wer ein Guter ist und wer nicht.

Eigenverantwortliches Handeln bringt innere Motivation

Äußere Motivation

Die äußere Motivation wird – wie der Name schon sagt – von außen herangetragen. Das kann durch Drohungen geschehen, also über den Faktor Angst, ebenso wie durch Belohnungen.

Eine Abmahnung bei einem Fehlverhalten eines Mitarbeiters bedeutet einen schweren Tadel und verbindet sich mit der Drohung: Noch einmal – und du fliegst! Hier entsteht von außen die Motivation, zukünftig gewissenhafter zu arbeiten. Allerdings sind Abmahnungen schwerwiegende Drohungen, die nur bei gravierenden Fehlern Verwendung finden sollten. Wenn Sie Ihren Betrieb mit Erfolg führen wollen, werden Sie ohne solche Instrumente nicht auskommen. Auch gute Mitarbeiter brauchen Führung. Sie müssen zeigen, dass Sie der Chef sind. Natürlich machen Sie das nicht, indem Sie autoritäres Gehabe an den Tag legen. Lassen Sie vielmehr keinen Zweifel daran, dass einmal beschlossene Dinge von Ihnen konsequent verfolgt werden. Sie sehen: Wieder einmal ist die Konsequenz der Schlüssel zum Erfolg!

Ein weiteres Mittel der äußeren Motivation ist die Belohnung. Grundsätzlich gehört auch das Lob dazu. Insbesondere aber geht es um materielle Belohnungen.

Gleich vorweg: Ich halte Geld für ein schlechtes, ja ein ungeeignetes Mittel zur Motivation!

Damit wir uns nicht falsch verstehen: Natürlich kann man Mitarbeiter demotivieren, in dem man sie schlecht be-

zahlt oder lange auf das Geld warten lässt. Aber genauso falsch ist es anzunehmen, Ihre Leute würden besser arbeiten, wenn Sie ihnen mehr Geld geben.
Ich will die These, dass Geld kein geeignetes Mittel zur Motivation darstellt, mit einem – wie ich finde sehr eindrucksvollen – Beispiel untermauern.
Im Sommer 1967 stand der deutsche Tennisspieler Wilhelm Bungert im Finale von Wimbledon. Er ging als Verlierer vom Platz und kassierte eine Aufwandsentschädigung in Höhe von umgerechnet gut 150 €! Würde er heute das Endspiel dieses wichtigsten Tennisturniers der Welt erreichen, dann wäre ihm mehr als das Sechstausendfache des Honorars sicher, nämlich knapp 1 Million € (Stand 2009).
Glauben Sie im Ernst, dass er deshalb heute motivierter wäre als damals? Aber nein! Damals wie heute war es das Größte für einen Tennisspieler, auf dem heiligen Rasen von Wimbledon im Finale zu stehen. Die Motivationslage war völlig gleich.

Trotzdem wird in unseren Tagen sehr häufig versucht, die Leute mit Geld zu ködern. Und da, wo das einmal anfängt, klappt es ohne Geld nicht mehr.
Lange Zeit predigten Verkaufstrainer allerorten, dass man Mitarbeiter mit Prämien zu besseren Leistungen anstacheln sollte. Wer das geschickt machte, konnte mit dieser Methode durchaus kurzfristig Erfolg erzielen.
Langfristig aber sind Prämiensysteme aus mehreren Gründen höchst bedenklich.

Prämiensysteme sind Gift für den Teamgeist

Prämiensysteme zerstören den Teamgeist: Wenn Sie dem Mitarbeiter, der am meisten Desserts verkauft, eine Sonderprämie zahlen, wird er keine Arbeiten für einen Kollegen übernehmen, da ihn das Zeit kostet, in der er genauso gut noch ein paar Portionen Eis verkaufen könnte.
Ohne Prämie läuft gar nichts: Wenn Sie ein solches System einmal eingeführt haben, werden die Mitarbeiter von da an immer die Hand aufheben, wenn Sie als Chef etwas Besonderes von ihnen möchten.
Prämien zerstören die innere Motivation: Selbst wenn Sie einen richtig guten Mitarbeiter haben, der gerne bei Ihnen arbeitet und ohne weiteres auch mal mehr macht als das Übliche, wird er durch ein Prämiensystem in einen

Automaten verwandelt, bei dem Sie oben Geld reinwerfen müssen, damit unten Leistung rauskommt. Sie erziehen den Mitarbeiter um – und zwar zu seinem und Ihrem Nachteil. Äußere Motivation ist als Ergänzung der inneren Motivation unerlässlich, aber seien Sie vor allem vorsichtig mit Geldleistungen.
Investieren Sie lieber Geld in Dinge, die den Teamgeist und die Bindung zum Unternehmen stärken. Machen Sie mit Ihrer Truppe einen Betriebsausflug, gehen Sie mit den Leuten in die Disco oder zum Kegeln. Solche Erlebnisse schweißen Ihr Team zusammen, während Prämien den Individualismus und Egoismus des Einzelnen fördern.

Methoden der Mitarbeitermotivation

Einfach und effektiv: Loben

Es gibt eine Vielzahl von Rezepten zur Mitarbeitermotivation, die in Büchern und Seminaren vermittelt werden. Ich will keine weitere Philosophie hinzufügen, sondern nur ein einzelnes, aber meiner Auffassung nach wichtiges, obwohl leider häufig vernachlässigtes Element herausgreifen: das Lob!

Sparen Sie nicht mir Lob!

Loben kostet nichts und ist dennoch sehr wirksam, denn jeder freut sich über ein kleines bisschen Anerkennung.
Noch immer gibt es Arbeitgeber, die denken: „Wozu soll ich loben für etwas, wofür ich bezahle?“ Es ist nur gerecht, dass diese Chefs den Preis für ihre Einstellung bezahlen müssen, da sie eine Mannschaft haben, die sich in ihrem Job ausschließlich für das Gehalt interessiert. Das sind genau die Mitarbeiter, die für jede Extraminute die Hand aufhalten, für die der freie Tag unantastbar ist, ganz gleich wie es in Ihrem Laden brennt, und die woanders hingehen, wenn dort 10 Cent pro Stunde mehr bezahlt werden – oder die Sie verlassen, weil beim Kollegen das Betriebsklima besser ist!
„Wofür soll ich die denn loben? Die machen doch nichts Besonderes?“, fragte mich kürzlich ein Gastro-Unternehmer. Meine Antwort lautete kurz und für ihn überraschend: „Ist doch egal. Hauptsache, Sie loben!“
Da Sie es mit erwachsenen Menschen zu tun haben, sollten Sie sich von der Vorstellung verabschieden, Ihre Mit-

arbeiter umerziehen zu können. Die Leute sind, wie sie sind.

Die Mannschaft zählt!

Wenn jemand nicht in Ihre Mannschaft passt, müssen Sie sich von dieser Person trennen, alle anderen müssen Sie an sich binden.

Indem Sie immer wieder Lob verteilen, sorgen Sie für ein angenehmes Arbeitsklima und dafür, dass Ihr Team gerne in den Betrieb kommt. Dann gibt es auch keine Probleme, wenn Sie einmal etwas Außergewöhnliches verlangen.

Nur wer gelobt wird, nimmt auch Kritik an

Wenn Sie immer nur schimpfen, geht das beim einen Ohr rein und beim anderen wieder raus. Wenn Sie jedoch mit Lob nicht geizen, können Sie sich darauf verlassen, dass Sie Beachtung finden, wenn Sie einmal deutliche Kritik üben.

Wenn Sie bisher nicht zu den „geübten Lobern" gehören, gebe ich Ihnen einen weiteren praktischen Tipp. Er ist ernst gemeint, auch wenn er sich vielleicht seltsam anhört: Legen Sie sich eine Zettel auf Ihren Schreibtisch oder in Ihre Geldbörse, auf dem steht: Ans Loben denken!

Selbstverantwortung

Schuld ist immer der Chef! Ich weiß, so was hört man nicht gerne, aber der Chef ist nun einmal für alles verantwortlich, was in seinem Betrieb passiert – auch dafür, dass die Mitarbeiter einen guten Job machen.

Leider ziehen viele Chefs den Schluss daraus, sich deshalb auch um alles kümmern zu müssen.

Dabei haben Sie doch genau deshalb Mitarbeiter eingestellt, weil Sie eben nicht alles selbst machen können. Die wichtigste Fähigkeit des guten Chefs ist die Kunst des Delegierens. Wenn Sie Aufgaben an andere übertragen, müssen Sie lediglich die Ergebnisse prüfen.

Viele Vorgesetzte machen beim Delegieren einen grundsätzlichen Fehler, indem Sie nicht eine Aufgabe delegieren, sondern gleich die Lösung.

Wenn Sie Ihrem Mitarbeiter exakt vorschreiben, wie er eine Aufgabe zu lösen hat, dann berauben Sie sich der Chance, dass er es besser machen könnte als Sie selbst.

Natürlich können und dürfen Sie Ihren Leuten nicht überall freie Hand lassen. Ganz gewiss wird es Bereiche geben, wo der von Ihnen gepflegte Stil die Art des Handels vorgibt. Aber überall da, wo dies nicht zwingend erforderlich ist, sollten Sie die Zügel lockerer lassen.

Viele Mitarbeiter kennen nur einen autoritären Führungsstil und sind möglicherweise zu Beginn etwas überfordert, wenn sie plötzlich selbst Entscheidungen treffen sollen. Glauben Sie mir: Die Guten gewöhnen sich rasch daran, und die Schlechten sollten Sie über kurz oder lang ohnehin gegen Gute austauschen. Die Übertragung von Verantwortung zeigt recht schnell, wer ein Guter ist und wer nicht.

Verantwortung delegieren

Selbstverantwortliches Handeln will gelernt sein

Schon in vielen Betrieben habe ich durch Mitarbeiter-Workshops die Mannschaft an selbstverantwortliches Handeln herangeführt.

Dabei wird zunächst in spielerischer Form herausgefunden, wo die Mitarbeiter im Unternehmen Probleme und Konflikte sehen.

Danach werden sie aufgefordert, in Arbeitsgruppen Lösungen für die Schwierigkeiten zu finden. Einerseits erleben die Mitarbeiter dabei, dass es unter Umständen gar nicht so leicht ist, eine für alle akzeptable Lösung eines Problems zu finden. Andererseits haben Lösungen, die von den Angestellten selbst erarbeitet worden sind, unter diesen eine weit höhere Akzeptanz als Vorgaben, die oft als „von oben" verordnete Anweisungen verstanden werden. Die Teilnahme an derlei Arbeitsgruppen ist grundsätzlich freiwillig. Fest steht jedoch, dass die Beschlüsse der Gruppen trotzdem für alle bindend sind. Das bedeutet, dass der aktive und engagierte Mitarbeiter mitbestimmen kann und der passive sich von seinen Kollegen vorschreiben lassen muss, was er zu tun hat.

Dadurch entsteht im Betrieb nach und nach eine natürliche Hierarchie, bei der die engagierten Kollegen „oben" und die Uninteressierten „unten" stehen. Das kann das bisherige Gefüge ordentlich durcheinander bringen. Aber etwas Besseres kann Ihnen nicht passieren, denn auf diese Weise lernen die Mitarbeiter, interne Konflikte untereinander selbst zu lösen, so dass Sie nicht mit jedem Problem und jeder kleinen Streitigkeit behelligt werden.

Entscheidend für den Erfolg solcher Maßnahmen ist, dass die Arbeitsgruppen Ihre hundertprozentige Rückendeckung haben. Wenn Sie Ihre engagierten Mitarbeiter bei der Durchsetzung der – zusammen mit Ihnen – beschlossenen Maßnahmen nicht voll und ganz unterstützen, dann erzeugen Sie Frust, und das Engagement der Guten wird schnell wieder erlahmen.

Ergebnisse schriftlich festhalten

Hilfreich und im Grund auch notwendig ist, dass Beschlüsse der Arbeitsgruppen schriftlich festgehalten und von den Mitarbeitern unterzeichnet werden. Im Streitfall ist es von großem Vorteil, einem Bediensteten die von ihm selbst unterschriebene und damit akzeptierte Anweisung unter die Nase halten zu können.

BEISPIELE

Ich erinnere mich an einen Workshop, bei dem eine an sich einfach klingende Frage diskutiert wurde: „Wann ist in der Küche Feierabend?“ Rasch war die Antwort festgelegt: „Feierabend ist, wenn die Küche aufgeräumt und geputzt ist.“ Nur leider war das Küchenteam mit dieser Antwort nicht zufrieden, denn nicht alle waren beim Aufräumen mit gleichem Einsatz dabei. Der eine oder andere stahl sich immer mal wieder mit dem Satz davon: „Kann ich heute etwas früher gehen, weil ...“ Gründe dafür finden sich schnell.

Nach längerer Debatte wurde die folgende Lösung beschlossen:

Im wöchentlichen Wechsel wird die Position des „Feierabendbeaufragten“ vergeben. (Wir haben sehr gelacht, als wir diesen Begriff erfunden haben.) Dieser ist dafür verantwortlich, dass die Küche aufgeräumt und geputzt wird, und er alleine gibt das Zeichen für den Feierabend. Das bedeutet nicht, dass er das Saubermachen unbedingt selbst erledigen muss, sondern dass er das Recht hat, die dafür notwendigen Tätigkeiten zu organisieren und Aufgaben zu verteilen. Er ist quasi „Aufräumchef“. Dabei spielen sonst übliche Hierarchien keine Rolle. Das heißt, wenn der Lehrling dran ist als „Feierabendbeauftragter“, darf er auch dem Küchenchef Befehle geben.

Es ist klar, dass das in der Praxis nicht klappt, wenn der Chef nicht hundertprozentig hinter diesem Vorgehen steht, denn – um bei unserem Beispiel zu bleiben – der Lehrling muss sich darauf verlassen können, dass der Chef zu ihm hält, wenn der Küchenchef nicht mitmacht.

Ich weiß übrigens, dass diese Lösung im besagten Betrieb sehr gut funktioniert.

In einem anderen Unternehmen beklagten sich die Nichtraucher darüber, dass sich die rauchenden Kollegen sogar bei stressigem Geschäft immer mal wieder mit der Frage „Kann ich mal schnell eine rauchen?“ verabschieden. Die Nichtraucher stellten die nachvollziehbare Frage, wieso denn die Raucher mehr Pausen machen dürften als sie selbst.
In diesem Falle musste selbstverständlich eine Lösung gefunden werden, ohne dass man den Rauchern gleich das Rauchen verbietet. Auch hier kam die Antwort nach einigen Debatten aus dem Kreis der Mitarbeiter. Die Lösung mag auf den ersten Blick sehr banal klingen, aber sie funktioniert.
Die Frage, ob man eine Zigarette rauchen dürfe, wird grundsätzlich mit einem Nein beantwortet! Die einzig zulässige Frage lautet: „Darf ich mal eben 5 Minuten Pause machen?“ Diese Frage kann auch jeder Nichtraucher stellen, und selbst Raucher werden kaum den Mut haben, sie zu stellen, wenn es der Geschäftsgang nicht zulässt.

Lehren Sie Ihre Mitarbeiter Verantwortung zu übernehmen

Das Wichtigste bei der Einbindung der Mitarbeiter in die Erarbeitung von Problemlösungen ist, dass sie dabei lernen, Verantwortung zu übernehmen. Sie bekommen dadurch höher qualifizierte Mitarbeiter, und Sie finden Entlastung von manch lästiger Arbeit.
Ich will Ihnen aber auch keine Illusionen machen. Sie werden immer dahinterher sein müssen, dass Ihre Mitarbeiter Verantwortung übernehmen. Wenn Sie die Sache schleifen lassen, wird sie wieder einschlafen. Das dürfen Sie nicht zulassen!

Mitarbeiter gewinnen

Wer ein optimales Team haben möchte, muss bereit sein, sich von Mitarbeitern zu trennen, die nicht ins Team passen. Oft höre ich jedoch den Einwand, dass man den Koch, die Servicekraft oder das Zimmermädchen nicht entlassen könne, weil man nicht weiß, woher man Ersatz bekommen soll. Einzelne Mitarbeiter werden als quasi unersetzbar dargestellt. Wehe Ihnen, wenn dem wirklich so ist!
Ich habe bei solchen Einwänden immer die gleiche Antwort bzw. die gleiche Gegenfrage: „Was würden Sie tun,

wenn dieser Mitarbeiter morgen mit dem Auto gegen einen Baum fährt? Sperren Sie dann Ihren Laden zu?"

Niemand ist unersetzlich

Bisher hat mir noch jeder versichert, dass es auch in diesem Fall irgendwie weiter gehen würde. Damit ist das Thema „Unersetzlichkeit" ad acta gelegt. Trotzdem bleibt die Frage, wie Sie gutes Personal finden.
Viele machen den Fehler, erst dann nach neuen Mitarbeitern zu suchen, wenn sie jemanden brauchen. Das ist zu spät. Die Suche nach guten Mitarbeitern ist ein permanenter Prozess. Wo immer sie auf jemanden stoßen, der Ihnen positiv auffällt, dann knüpfen Sie den Kontakt. Lassen Sie sich Namen und Telefonnummer geben, und sagen Sie ruhig, dass Sie immer gute Leute suchen. Vielleicht erinnert er sich an Sie, wenn er einen neuen Job sucht.
In jedem Fall schaffen Sie sich auf diese Weise nach und nach einen Fundus mit guten Leuten, die Sie im Bedarfsfall ansprechen können.
Es ist schon möglich, dass Sie dabei vielleicht einem Kollegen den Kellner oder Koch abwerben, aber so ist das Leben. Und seien Sie sicher: Wenn er sich bei seinem bisherigen Brötchengeber wohl fühlt, gelingt Ihnen der Abwerbungsversuch ohnehin nicht.

Auch bei der Wahl der Mitarbeiter stehen Sie im Wettbewerb

Nicht nur im Kampf um die Gäste stehen Sie mit Ihren Kollegen im Wettbewerb, sondern auch bezüglich der Mitarbeiter. Je besser der Ruf Ihres Hauses ist, je mehr es sich von anderen abhebt, umso leichter werden Sie es haben, gute Leute zu finden. In einem Lokal, in dem keiner essen will, möchte auch niemand arbeiten. Wenn das Restaurant dagegen bei den Gästen gefragt ist, dann ist auch ein Arbeitsplatz in diesem Unternehmen begehrt.
Der Grund liegt auf der Hand: In einem angesehenen Betrieb zu arbeiten bringt auch dem Mitarbeiter Renommee. Wenn Sie also an Ihrem Profil arbeiten und auch sonst unermüdlich sind, Ihre Firma zu optimieren, werden Sie bald feststellen, dass es Ihnen immer leichter fallen wird, tüchtiges Personal zu finden.

Natürlich können im Einzelfall auch Zeitungsanzeigen hilfreich sein. Auf der Suche nach Fachkräften sollten Sie dazu entweder eine gut akzeptierte Fachzeitung, wie beispielsweise die AHGZ, wählen oder eine Tageszeitung in einem Gebiet mit hoher Arbeitslosigkeit, weil dort die Wahrscheinlichkeit, einen Koch oder Kellner auf Jobsuche zu finden, höher ist als woanders.

CHECKLISTE

- Sind Ihre Mitarbeiter an eigenverantwortliche Arbeit gewöhnt?
- Mit welchen Mitteln festigen Sie den Zusammenhalt Ihrer Mitarbeiter?
- Loben Sie Ihre Mitarbeiter von Zeit zu Zeit?
- Lösen Sie alle Probleme Ihrer Mitarbeiter, oder lassen Sie Ihre Leute selbst nach Lösungen suchen?
- Können die Mitarbeiter auch mit persönlichen Problemen zu Ihnen kommen oder trennen Sie streng zwischen Arbeit und Privatem?

FINANZIERUNG

Voraussetzungen

Das leidige Geld! Es muss leider gleich zu Beginn dieses Kapitels klar gesagt werden, dass es für Hoteliers und Gastronomen ohnehin sehr schwer ist, Kredite zu bekommen. Schon durch die Beschlüsse von BASEL II war es noch schwieriger geworden, und die große Finanzkrise im Jahr 2008 hat ihr Übriges getan. Allein mit diesen Themen lassen sich Bücher füllen. Ich möchte mich aber auf wenige Eckdaten bzgl. BASEL II beschränken.
Die Vergabe von Krediten und die Konditionen, zu denen diese gewährt werden, hängen seit BASEL II weit mehr als früher von einer Bewertung des Kunden ab, dem Rating. Dabei geht es nicht nur um die klassische Bonität – also die Beurteilung, wie kreditwürdig jemand auf Grund der Vermögenslage und seinem Verhalten in der Vergangenheit ist –, sondern auch um die Professionalität im kaufmännischen Bereich. Gerade das kaufmännische Planen und Handeln ist jedoch in den meisten gastronomischen Betrieben mangelhaft ausgeprägt. Aus diesem Grund wird der Gastronom und Hotelier mehr denn je auf fremde Hilfe zurückgreifen müssen, wenn er Kredite in Anspruch nehmen will, denn die Erstellung professioneller Bankunterlagen erfordert Fachwissen und Erfahrung im kaufmännischen Bereich.

Gute Präsentation ist wichtig!

Die Voraussetzungen müssen lange vor einer Kreditanfrage erfüllt sein. Daher ist es wichtig, den eigenen Betrieb in einem vorbildlichen Zustand zu präsentieren. Wer seine Firma durch eine individuelle Profilierung gut auf dem Markt positioniert und auch über ein Controlling-System verfügt, das ihn als kaufmännisch orientierten Unternehmer ausweist, hat in jedem Fall bessere Chancen als der Kollege, der seinen Betrieb „aus dem Bauch heraus“ führt.

Kreditarten

Grundsätzlich lassen sich Kredite im Unternehmensbereich in zwei große Gruppen unterteilen:

- Kontokorrentkredite
- Kredite für Investitionen

Kontokorrentkredit

Keine Investitionen mit Kontokorrentkrediten finanzieren!

Der Kontokorrentkredit ist einfach in seiner Handhabung: Die Bank räumt Ihnen die Möglichkeit ein, Ihr Konto bis zu einer gewissen Grenze zu überziehen. Ein Kontokorrentkredit sollte ausschließlich für kurzfristigen Liquiditätsbedarf verwendet werden, also beispielsweise für Wareneinkauf. In der Praxis ist es jedoch oft so, dass aus dem Kontokorrentkredit auch Anschaffungen finanziert werden. Dadurch wird aus einem kurzfristigen Kontominus eine langfristige Verbindlichkeit. Da beim Kontokorrentkredit außerdem die Zinsen meist deutlich höher als bei einem langfristigen Darlehen sind, werden Investitionen, die mittels Kontoüberziehung bezahlt werden, sehr teuer. Wenn Sie erkennen, dass Sie auch mittelfristig Ihr Kontominus nicht ausgleichen können, dann sollten Sie sich mit Ihrer Bank oder Sparkasse darüber unterhalten, diesen Kontokorrent in ein Darlehen mit regelmäßigem Abtrag umzuwandeln. Die Konditionen dafür dürften günstiger sein als bei der Kontoüberziehung.
Im Idealfall dient der eingeräumte Kontokorrentkredit lediglich als Notfallpuffer. Das heißt, Sie können normalerweise alle laufenden Ausgaben auf Guthabenbasis begleichen und müssen den Kontokorrentrahmen nur in Ausnahmefällen für kurzfristige Zahlungen beanspruchen.

Wenn Sie eine Investition finanzieren, sollten Sie zugleich Ihren Kontokorrentbedarf anmelden. Wenn Ihr Liquiditätsplan gewissenhaft aufgestellt worden ist, dann kennen Sie Ihren Kontokorrentbedarf auf Anhieb, denn dann wissen Sie, wann Sie wie viel Geld brauchen, um alle anstehenden Zahlungen leisten zu können.

Kredite für Investitionen

Sie brauchen einen Business-Plan!

Investitionskredite dienen Anschaffungen aller Art, die nicht dem Verzehr bzw. laufenden Verbrauch dienen. Darunter fallen Kredite für Existenzgründer ebenso wie spätere Anschaffungen, Anbauten oder Ähnliches.
Um einen Investitionskredit mit guten Aussichten beantragen zu können, müssen Sie einen aussagekräftigen Business-Plan erstellen. Dieser enthält eine ganze Reihe von Unterlagen

1. Beschreibung des Vorhabens
2. Investitionsplan

3. Liquiditätsplan
4. Kostenerlösvorausschau
5. Finanzierungsplan
6. Sicherheiten
7. Selbstauskunft/Vermögensaufstellung

Vorgehensweise

Im Folgenden werde ich aufzeigen, was Sie tun müssen, um die geforderten Unterlagen zu erstellen.

1. Beschreibung des Vorhabens

Die Beschreibung Ihres Vorhabens sollte so genau sein, dass ein Dritter, also vor allem der Kreditbearbeiter der Bank, eine sehr gute Vorstellung davon bekommt, was geplant ist und wie es sein wird, wenn es Realität geworden ist. Sie schildern also die einzelnen angedachten Maßnahmen, die Wege der Umsetzung und Ihr Bild vom gewünschten Ergebnis. Zeigen Sie dabei auf, dass Sie sehr konkrete Vorstellungen von den einzelnen Schritten und dem Ziel haben. Wenn Sie nur vage Angaben machen, erzeugen Sie den Eindruck, dass Sie selbst noch nicht genau wissen, wie alles werden soll. Wie sollte dann die Bank Vertrauen in Ihre Unternehmung haben?

Eine exakte Beschreibung des Vorhabens ist unerlässlich

Eine gute Beschreibung des Vorhabens ist außerdem – über die Wirkung auf die Bank hinaus – für Sie selbst von erheblicher Bedeutung. Wenn Sie Ihre Pläne konkret zu Papier bringen, werden Sie unter Umständen feststellen, dass Sie sich über einzelne Details erst noch Klarheit verschaffen müssen. Das schriftliche Festhalten des Vorhabens zwingt Sie dazu, dies zu tun.
Die Beschreibung des Projekts ist die Grundlage Ihres Business-Plans. Bereits hier werden die Weichen für den Erfolg Ihrer Finanzierungsanfrage gestellt.

2. Investitionsplan

Sobald fest steht, was Sie genau machen wollen, müssen Sie sich im Detail Gedanken darüber machen, welche einzelnen Investitionen Sie tätigen müssen und welchen Kapitalbedarf Sie haben. Hierbei muss man sehr darauf achten, wirklich an alles zu denken. Dazu sollten Sie die Gesamtinvestition in einzelne Sachbereiche unterteilen, für die Sie dann jeweils alle Anschaffungen und die damit verbundenen Kosten anführen. Dabei könnten Aufstellungen hilfreich sein, wie sie nachfolgend aufgeführt sind.

BEISPIEL

Immobilien

Posten	**Kosten**	**Kategorie**
Grundstücke		
Gebäude		
Restaurant		
Saal		
Hotelbereich		
Lager		
Wohnung		
Sonstiges		
Beschaffungskosten		
Notar		
Grunderwerbsteuer		
Makler		
Sonstiges		
Summe Immobilien		

Einrichtungen

Posten	**Kosten**	**Kategorie**
Küchenausstattung		
Theke		
Tische und Stühle		
Lagerregale		
Kühlhaus		
Zimmereinrichtungen		
Empfang		
Ausstattung Seminarraum		
Sonstiges		
Summe Einrichtungen		

Fuhrpark

Posten	**Kosten**	**Kategorie**
PKW		
Transporter		
Sonstiges		
Summe Fuhrpark		

Weiterer Kapitalbedarf – insbesondere Anlaufkosten

Posten	Kosten	Kategorie
Warenerstausstattung		
Anlaufkosten		
Werbung		
Beratung		
Versicherungen		
Personalkosten		
Mieten/Pachten		
KFZ-Kosten		
Telefon		
Sonstiges		
Summe Anlaufkosten		

Aus all diesen Summen ergibt sich als Gesamtsumme der Kapitalbedarf.

In einem ersten Durchgang schreibt man in seiner Investitionsliste alles auf, was einem einfällt. Dafür ist die Spalte „Kosten“ gedacht.

In einem zweiten Durchgang gilt es dann, diese Punkte in vier Kategorien aufzuteilen:
1. sofort notwendig
2. kurzfristig innerhalb 1 Jahres notwendig
3. mittelfristig innerhalb der ersten 5 Jahre notwendig
4. schön, aber nicht notwendig

Dafür ist die Spalte „Kategorie“ gedacht.

Der zur Vorlage bestimmte Investitionsplan sollte die Positionen 1 und 2 (sofort bzw. innerhalb 1 Jahres) enthalten. Die längerfristig notwendigen Investitionen können in einen eigenen Investitionsplan Eingang finden, der als Information für die Bank dient, damit diese schon jetzt weiß, was Sie später noch planen.

Was nicht notwendig ist, muss warten!

All die Dinge, die schön, aber nicht notwendig sind, werden Sie nur dann realisieren, wenn Sie diese mit eigenen Mitteln bestreiten können, ohne dass dies zu Engpässen in der Liquidität führt.

Wichtig ist die richtige Einschätzung der Anlaufkosten:

- Wie viele Waren brauche ich gleich am Anfang?
- Welche weiteren Anlaufkosten habe ich für
  - notwendige Beratung?
  - Anlaufwerbung?
  - Eventuelle Anfangsverluste?

Besonders die möglichen Anfangsverluste müssen unbedingt berücksichtigt werden. Sie können speziell als Existenzgründer nur schwerlich davon ausgehen, von Anfang an Gewinne zu machen. Schließlich müssen Sie sich, Ihr Geschäft und Ihr Angebot erst einmal vor Ort bekannt machen. Das braucht nun einmal seine Zeit, und diese Zeit kostet Geld. Wer vom ersten Tag an auf Gewinne angewiesen ist, lebt extrem gefährlich! Das ist fast so, als würde ein Kletterneuling vom ersten Tag an ohne Seil in den Berg einsteigen.

Das vorne aufgezeigte Formblatt soll Ihnen eine Hilfe sein. Möglicherweise brauchen Sie den Teil mit den Immobilien nicht, dafür aber anderes, was ich hier nicht angeführt habe. Dann ändern Sie die Maske einfach nach Ihren Bedürfnissen ab.

Zur Verdeutlichung sehen wir uns einmal ein Beispiel an:

BEISPIEL

Immobilien	**einzeln**	**gesamt (in €)**
Grundstücke	200 000	
Gebäude		
Restaurant	250 000	
Saal	120 000	
Hotelbereich	0	
Lager	50 000	
Wohnung	80 000	
Zwischensumme	**700 000**	
Beschaffungskosten		
Notar	11 000	
Grunderwerbsteuer	25 000	
Makler	0	
Zwischensumme	**36 000**	
Summe Immobilien		**736 000**

Einrichtungen	einzeln	gesamt (in €)
Küchenausstattung	120 000	
Theke	35 000	
Tische und Stühle	28 000	
Lagerregale	2 000	
Kühlhaus	12 000	
Zimmereinrichtungen	0	
Empfang	0	
Ausstattung Sem.-Raum	0	
Sonstiges	15 000	
Summe Einrichtungen		**212 000**

Fuhrpark	einzeln	gesamt (in €)
PKW	15 000	
Transporter	15 000	
Sonstiges	0	
Summe Fuhrpark		**30 000**

Weiterer Kapitalbedarf	einzeln	gesamt (in €)
Warenerstausstattung	14 000	
Anlaufkosten		
Werbung	10 000	
Beratung	15 000	
Versicherungen	15 000	
Personalkosten	25 000	
Mieten/Pachten	0	
KFZ-Kosten	1 000	
Telefon	1 000	
Ablaufverlust	25 000	
Summe Anlaufkosten		**106 000**

Summe Kapitalbedarf		**1 084 000**

3. Liquiditätsplan

Obwohl wir das Thema Liquiditätsplanung schon im Kapitel Controlling behandelt haben, behandle ich es an dieser Stelle noch einmal. Das liegt insbesondere daran, dass es hier speziell um die Liquiditätsplanung im Zusammenhang mit der Beantragung eines Kredites geht, während es an früherer Stelle als eine grundsätzlich wichtige Maßnahme der Existenzsicherung dargestellt wurde, die auch dann betrieben werden sollte, wenn Sie keinen Kredit brauchen. Bei der Ermittlung der Anlaufkosten ist dringend zu beachten, dass diese Position so lange vorfinanziert werden muss, bis die Erträge die Kosten decken können. Um sich diesbezüglich etwas mehr Klarheit zu verschaffen, muss für die ersten 12 Monate eine Liquiditätsvorausschau gemacht werden. Hier sind alle zu erwartenden Geldein- und -ausgänge zu erfassen. Mit Hilfe dieser Liquiditätsvorausschau lässt sich der Kapitalbedarf weiter präzisieren. Da sich Investitionen in den meisten Fällen nicht sofort in steigenden Gewinnen widerspiegeln, ist gerade die erste Phase nach einer getätigten Investition häufig eine sehr kritische. Um erst gar nicht in Schwierigkeiten zu geraten, sollte die Liquiditätsplanung daher sehr gewissenhaft durchgeführt werden. Dazu müssen Sie die erwarteten Einnahmen den erwarteten Ausgaben gegenüberstellen.

Planen Sie Ihre Liquidität!

Die nachfolgende Tabelle sollte für die eigene Liquiditätsplanung hilfreich sein:

Posten	1. Monat	2. Monat	3. Monat	weitere
Einnahmen				
Umsätze				
aus laufendem Geschäft				
aus Forderungen				
aus Veranstaltungen				
aus sonstigen Erlösen				
Sonstige Erträge				
Miet- und Pachterlöse				
Zinserträge				
Zuschüsse				
Sonstiges				
Andere Liquiditätszuflüsse				
Eigenkapitalzuführung				
Darlehensaufnahme				
Steuererstattungen				
Versicherungsleistungen				
Sonstiges				
Summe Einnahmen				

Posten	1. Monat	2. Monat	3. Monat	weitere
Ausgaben				
Wareneinkauf				
laufender Wareneinkauf				
Lieferantenverbindlichk.				
Personal				
Löhne und Gehälter				
Sozialabgaben				
Aushilfen				
Sonstige Personalkosten				
Weitere Kosten				
Versicherungen, Beiträge				
Mieten und Pachten				
Strom, Gas, Wasser, Müll				
Werbung				
Steuern				
Zinsen				
Andere Liquiditätsabflüsse				
Tilgungen				
Privatentnahmen				
Summe Ausgaben = Liquiditätsbedarf				
Liquiditätsüberschuss = Einnahmen – Ausgaben				

Natürlich ist eine solche Liquiditätsplanung nur so zuverlässig wie die Person, die sie erstellt. Und dabei gilt eine eiserne Regel: Die Ausgaben kommen bestimmt, die Einnahmen vielleicht!

Das heißt, wenn Sie zu erwartende Ausgaben vergessen, wird sich das früher oder später rächen.

Bleiben Sie liquide!

Die Liquiditätsplanung spielt eine entscheidende Rolle bei der Einräumung eines Kontokorrentkredits. Die Liquidität darf niemals ins Minus rutschen, denn dann wären Sie zahlungsunfähig. Wenn Sie also Engpässe vorhersehen, müssen Sie entweder frühzeitig mit Ihrer Bank sprechen und um eine Kontokorrenterhöhung bitten oder Ihre Ausgaben beschneiden. Nur auf höhere Umsätze zu hoffen, ist kein empfehlenswertes Vorgehen.

4. Kostenerlösvorausschau

Neben der Liquiditätsplanung brauchen Sie bei der Beantragung eines Kredits eine Kostenerlösvorausschau. Beim Thema Planrechnung (siehe Controlling, S. 42) haben wir uns bereits ausführlich darüber unterhalten. Die Planzahlen enthalten demzufolge die wirtschaftlichen Eckdaten, also die wichtigsten Erlös- und Kostenbereiche.
Im Zuge einer Finanzierungsanfrage geht es aber weniger um die Planzahlen der nächsten 12 Monate als vielmehr um die der nächsten 5 Jahre. Die Schaffung von Planzahlen über eine so lange Zeitspanne ist nicht leicht, aber bei einem Unternehmen, das sich schon lange auf dem Markt befindet, durchaus möglich. Insgesamt muss die Aufstellung auch nicht so detailliert durchgeführt werden wie bei der Planrechnung im Zuge des Controllings.

Weitaus schwieriger ist das Ganze für Existenzgründer: Wie soll ein Jungunternehmer allen Ernstes vorhersehen können, welche Umsätze er in den ersten 5 Jahren seiner Selbständigkeit tätigt? Trotzdem werden solche Angaben von ihm verlangt. Und auch wenn es zunächst ein wenig nach Kaffeesatzleserei aussehen mag, so steckt für den Banker doch ein gewisses Maß an Informationen in einer solchen Kostenerlösvorausschau.

Ihre Planzahlen zeigen Ihren Realitätssinn

Wer zu einem Bankgespräch antritt und dabei gigantische Umsatzerwartungen präsentiert, läuft Gefahr, geradezu als „unrealistischer Spinner“ angesehen zu werden, dem man besser kein Geld anvertraut. Sie sollten also hier nicht übertreiben. Auch die Einschätzung der Kosten erlaubt Schlüsse darüber, ob Sie realistisch an Ihre Aufgabe herangehen.

Auf der anderen Seite müssen Ihre Prognosen zeigen, dass Sie vom Erfolg Ihres Vorhabens überzeugt sind und, vor allem, dass für Sie kein Zweifel daran besteht, langfristig Ihre Bankraten bezahlen zu können. Bei der Festlegung der Zahlen für die Aufstellung einer Kostenerlösvorausschau handelt sich also durchaus um eine Gratwanderung.
Die Kostenerlösvorausschau sollte Ihre eigene, möglichst realistische Einschätzung aufzeigen. Schließlich dient

die Planung zunächst Ihrer eigenen Sicherheit und erst im Nachgang als Entscheidungshilfe für die Bank. Wenn Sie selbst beim Erarbeiten der Zahlen Zweifel bekommen, sollten Sie nicht die Zahlen frisieren, sondern intensiv über Ihr Vorhaben nachdenken! Es ist ganz gewiss kein Zeichen von Feigheit, ein Vorhaben aufzugeben, bei dem einem nicht wohl ist.
Ich habe Kunden erlebt, die mir in solchen Momenten Vorträge über Optimismus und „Positives Denken" gehalten haben. Lassen Sie mich an dieser Stelle deshalb ein paar Worte dazu anmerken. Ich halte eine positive Einstellung für überaus wichtig, allerdings nur im Handeln, nicht in der Planung! Wer keine Wahnsinnstaten begehen will, sollte sich in der Planungsphase eher von Skepsis und leisem Pessimismus leiten lassen als von Euphorie und Optimismus. Ich habe oft erlebt, dass Existenzgründer, aber auch andere „Investitionslustige" Gefahr laufen, im Bestreben danach, ihren Traum zu verwirklichen, alles außer Acht lassen, was den Traum zerstören könnte.

Auf diese Weise werden Träume jedoch zu Alpträumen! Außergewöhnliche Charaktere überwinden alle Widrigkeiten und verwirklichen am Ende ihre Träume. Das gelingt ihnen aber nicht dadurch, dass sie Schwierigkeiten ignorieren. Ganz im Gegenteil: Dadurch, dass sie alle Probleme rechtzeitig erkennen und nach Lösungen suchen, erreichen sie ihr Ziel.

BEISPIEL Eine Kostenerlösvorausschau könnte wie folgt aussehen:

Erlöse	**1. Jahr**	**2. Jahr**	**3. Jahr**	**4. Jahr**	**5. Jahr (in €)**
Hotel	230 000	250 000	265 000	280 000	295 000
Frühstück	35 000	40 000	42 000	44 000	45 000
Restaurant	265 000	280 000	300 000	315 000	330 000
Events	25 000	35 000	45 000	50 000	55 000
Catering	0	20 000	40 000	50 000	55 000
Sonstiges	10 000	10 000	10 000	10 000	10 000
Summe Erlöse	**565 000**	**635 000**	**702 000**	**749 000**	**790 000**
Wareneinsatz	93 800	107 800	122 360	131 320	138 600
Rohertrag	471 200	527 200	579 640	617 680	651 400

Kosten	1. Jahr	2. Jahr	3. Jahr	4. Jahr	5. Jahr (in €)
Personal	245 000	260 000	280 000	290 000	300 000
Raumkosten	52 000	57 000	62 000	65 000	68 000
Werbung	18 000	18 000	18 000	20 000	20 000
Instandhaltung	12 000	12 000	12 000	15 000	16 000
Verwaltung	25 000	25 000	28 000	30 000	32 000
Sonstiges	45 000	48 000	50 000	53 000	55 000
Betriebskosten	397 000	420 000	450 000	473 000	491 000
Betriebsergebnis 1	74 200	107 200	129 640	144 680	160 400
Zinsen	55 000	53 000	51 000	49 000	47 000
Cashflow	19 200	54 200	78 640	95 680	113 400
Afa	45 000	45 000	45 000	45 000	45 000
Ergebnis	**–25 800**	**9 200**	**33 640**	**50 680**	**68 400**

In der Planungsphase ist es sehr hilfreich, jemanden zur Seite zu haben, der nicht emotional, sondern nüchtern bei der Sache ist.
Wenn die Planungsphase jedoch abgeschlossen ist und man sich an die Umsetzung macht, entscheidet die innere Einstellung ganz maßgeblich über Erfolg und Misserfolg. In der Umsetzungsphase sind Zweifel Gift! Die Umsetzungsphase ist die Stunde des positiven Denkens.
Die Erstellung der Kostenerlösvorausschau fällt allerdings eindeutig in die Planungsphase, und hier ist Vorsicht angesagt. Bedenken Sie immer: Wenn Sie Ihre Bank täuschen, täuschen Sie vor allem sich selbst. Ihre Bank wird Ihre Pleite überstehen, Sie möglicherweise nicht.

5. Finanzierungsplan

Der Finanzierungsplan schließlich enthält die Form der Finanzierung des Vorhabens und die gewünschten Darlehen. Darin sollten auch eventuell staatlich geförderte Darlehen aufgeführt sein.

Ohne Eigenkapital wird es schwer

Dabei gilt es zunächst festzuhalten, dass Kapitalbedarf nicht gleichbedeutend ist mit Finanzierungsbedarf. Zumindest sollte es so sein, denn einen Teil des Kapitalbedarfs sollten Sie mit Ihrem Eigenkapital bedienen können. Natürlich weiß ich, dass Eigenkapital ein knappes Gut ist und dass es sehr vielen Investitionswilligen gerade daran mangelt. Trotzdem muss ich an dieser Stelle sagen, dass geringes oder gar fehlendes Eigenkapital das Unternehmen bzw. die Investition von Anfang an schwer belastet. Mit jedem Euro, den Sie zusätzlich aufnehmen müssen, erhöht sich die Zinslast und damit der Druck auf das Unternehmen. Hinzu kommt, dass besonders im Gastgewerbe ohne ausreichendes Eigenkapital kaum eine Bank Geld geben wird.

Quellen für Eigenkapital

Deshalb lohnt es sich unbedingt zu überlegen, welche Eigenkapitalquellen noch erschlossen werden könnten, außer dem möglicherweise recht mageren eigenen Sparschwein.

In Frage kommen zum Beispiel Verwandte und Bekannte. Denen sollten Sie allerdings unbedingt reinen Wein einschenken, was die Risiken eines finanziellen Engagements angeht. Bei Geld höre die Freundschaft auf, sagt man. Sollten Sie das Geld Ihrer Freunde in den Sand setzen, werden Sie recht schnell erleben, wie sich dieser Spruch bewahrheitet. Auch wenn Sie Ihre Eltern oder Geschwister um deren Hab und Gut bringen, wird das die familiären Bande nicht festigen. Wenn Sie jedoch von Freunden und Verwandten finanzielle Hilfen erhalten, die in einem Rahmen bleiben, der die Existenz der Einleger nicht gefährdet, dann kann damit das Eigenkapital in sehr vernünftiger Weise aufgestockt werden.

Nehmen Sie solches Geld aber wirklich als Eigenkapital, dessen Rendite alleine aus möglichen Gewinnen resultiert. Ich habe des Öfteren erlebt, dass Kapital aus dem persönlichen Umfeld in Wirklichkeit Geld war, das mit hohen Raten zurückbezahlt werden musste oder gar noch hoch zu verzinsen war. Das mag zwar möglicherweise helfen, die Bank bei der Kreditvergabe zu täuschen, es führt aber mit großer Wahrscheinlichkeit in die Pleite, weil Ihrem Betrieb schnell die liquiden Mittel ausgehen werden.

Und ganz wichtig: Nehmen Sie nur Geld von Ihren Verwandten und Bekannten und niemals Bürgschaften! Doch dazu später mehr.

Eigenkapital durch Beteiligungsmethode

Ihre Mitarbeiter können sich ebenfalls am Unternehmen beteiligen. Dabei werden gleich zwei Fliegen mit einer Klappe geschlagen: Einerseits bringt diese Maßnahme Eigenkapital in den Betrieb und andererseits bindet es die Mitarbeiter an das Unternehmen.

Sogar staatliche Fördergelder können als Eigenkapital eingesetzt werden. Im Kapitel Fördermittel ab Seite 145 zeige ich auf, welche Förderprogramme es gibt.
Unter dem Strich bleibt also festzuhalten, dass Eigenkapital einen wichtigen Bestandteil einer jeden Investitionsfinanzierung darstellt.

Kreditbeschaffung

Der Rest muss über Kredite beschafft werden. Dabei ist einzuteilen, was wie finanziert werden soll. Es gilt der Grundsatz: Investitionen langfristig und laufendes kurzfristig finanzieren.
Wird – wie in unserem Beispiel – eine Immobilie finanziert, so braucht man dafür Darlehen mit langer Laufzeit. Auch Teile der Ausstattung, wie Küchengeräte, Kühlanlagen und Mobiliar, unterliegen einen längeren Nutzung und sollten daher ebenfalls längerfristig finanziert werden. Dabei sollte sich die Laufzeit der Darlehen nach der Nutzungsdauer bzw. der Abschreibung der damit finanzierten Investitionsgüter richten. Andernfalls laufen Sie Gefahr, eines Tages noch ein Gerät abstottern zu müssen, das Sie gar nicht mehr benutzen, oder Sie müssen Tilgungen bezahlen, ohne noch Abschreibungsmöglichkeiten zu haben. Letzteres bringt Sie rasch in erhebliche Liquiditätsprobleme. Ihr Steuerberater wird mir Recht geben.

Laufzeiten von Darlehen orientieren sich an den Abschreibungen

Selbst die Warenerstausstattung kann längerfristig finanziert werden, wenn es sich dabei um den durchschnittlich zu erwartenden Warenbestand handelt.
Zumindest die Anlaufkosten aber sollten aus Eigenkapital bestritten werden können.

Ein Beispiel für einen Finanzierungsplan kann wie folgt aussehen:

BEISPIEL

Kapitalbedarf	**1 084 000**	**(in €)**
Eigenkapital		250 000
Unternehmerkredit		450 000
Bankdarlehen		384 000

Der Finanzierungsplan sollte weiterhin Angaben über die gewünschte Laufzeit, die Tilgung sowie über den Zinssatz enthalten.

Der Zinssatz hängt unter anderem von der Dauer der Zinsbindung ab, also dem Zeitraum, für den die Höhe des Zinssatzes festgesetzt wird. In den meisten Fällen wird von den Banken alternativ eine Zinsbindung von 5 Jahren oder von 10 Jahren angeboten. Normalerweise sind bei einer kürzeren Zinsbindung die Zinsen etwas niedriger als bei einer längeren. Das lässt es besonders attraktiv erscheinen, sich für die 5-jährige Zinsbindung zu entscheiden, um beispielsweise einen halben Prozentpunkt weniger Zinsen zahlen zu müssen.

Mehr Sicherheit durch längere Zinsbindung

Ganz so einfach ist die Sache leider nicht; denn auch die längere Zinsbindung hat – in Zeiten niedriger Zinsen – ihre Vorteile, nämlich ein Mehr an Sicherheit. Niemand weiß, welche Zinssätze in 5 Jahren gelten. Jetzt, da ich dieses Buch schreibe (2004), liegen die Zinsen – wie insgesamt in den letzten Jahren – recht niedrig. Es ist zwar nicht unmöglich, aber eher unwahrscheinlich, dass die Zinsen in 5 Jahren noch niedriger sein werden als heute. Das heißt, wenn die kürzere Zinsbindung nach 5 Jahren ausläuft, wird der Vertrag zu den dann gültigen Konditionen verlängert. Stehen die Zinsen zum Ende des Zeitraums der Zinsbindung deutlich höher als heute, dann entsteht ein echtes Problem, wie folgendes Beispiel zeigt:
Sie nehmen ein Darlehen über 500 000 € zu einem Zinssatz von 5 % mit 5-jähriger Zinsbindung auf. Sie haben sich für die kürzere Laufzeit entschieden, weil Sie bei 10-jähriger Zinsbindung 5,5 % Zins bezahlen müssten. In den 5 Jahren sparen Sie – wenn man die Tilgung außer Acht lässt – tatsächlich 12 500 € Zinsen ein.
Was aber passiert, wenn der Zinssatz in 5 Jahren beispielsweise bei 8 % liegt? Dann erhöhen sich die monatlich zu zahlenden Zinsen schlagartig von bisher knapp 2 100 € auf über 3 300 €. Und den zunächst gesparten 12 500 € stehen in den folgenden 5 Jahren verlorene 62 500 € entgegen.
Aus dieser Überlegung heraus kann es durchaus sinnvoll sein, etwas höhere Zinsen zu bezahlen, um für einen Zeitraum von 10 Jahren vor drastischen Zinserhöhungen sicher zu sein. Gerade bei einem langfristigen Darlehen ist das besonders wichtig, weil in diesem Fall nach 5 Jahren erst sehr wenig getilgt worden ist und eine deutliche Zinserhöhung zu einer äußerst massiven Belastung der Liquidität führen würde.

Manche Investoren entscheiden sich jedoch deshalb für die kürzere Laufzeit, weil ihr Liquiditätsplan so eng gesteckt ist, dass sie auf den geringen Zinsvorteil angewiesen sind. In diesem Fall sollte man besser das gesamte Vorhaben noch einmal einer intensiven Prüfung unterziehen.

Insgesamt ist anzumerken, dass der Zinssatz bei einer Finanzierung zwar ein wichtiges, aber nicht das entscheidende Kriterium ist. Die meisten Unternehmenskrisen entstehen auf Grund fehlender Liquidität. Daher ist es von erheblicher Bedeutung, wie hoch die Kapitaldienstbelastungen sind, also die regelmäßigen Zins- und Tilgungsleistungen. Obwohl es über die Jahre teurer kommt, kann ein Darlehen mit längerer Laufzeit und niedrigen Raten besser sein als eines mit kürzerer Laufzeit und hohen Raten, denn auch hier gilt der Grundsatz:

Die Sicherung der Liquidität geht vor Gewinnmaximierung.

WICHTIG

Exkurs: Staatliche Förderungen

In der ersten Auflage dieses Buches habe ich ausführlich über verschiedene staatliche Förderprogramme berichtet. Damals war nicht abzusehen, dass dieses Buch auch nach vielen Jahren noch viele Leser und Käufer hat. Es zeigte sich jedoch, dass die Informationen zu einzelnen Förderprogrammen relativ schnell ihre Aktualität verlieren. Aus diesem Grund will ich mich bei der überarbeiteten Neuauflage allgemeiner halten und nur diejenigen Fördermöglichkeiten benennen, die langfristig gelten. Da sich aber auch hier Details immer wieder ändern, belasse ich es bei einfachen Hinweisen auf verschiedene Förderprogramme.

Um die richtige Finanzierung zu finden, ist es selbstverständlich von Vorteil, auch die gängigsten Förderprogramme zu kennen.

Bund, Länder und EU haben eine unüberschaubare Zahl unterschiedlicher Förderprogramme aufgelegt, mit denen investitionsbereiten Unternehmern Hilfe gewährt werden soll. Dabei lassen sich die Förderungen im Wesentlichen in zwei Bereiche unterteilen:

- echte Zuschüsse, also Geld, das nicht zurückbezahlt werden muss,
- zinsverbilligte oder haftungsfreie Darlehen.

Echte Zuschüsse

Echte Zuschüsse sind natürlich besonders begehrt, aus diesem Grund aber nicht leicht zu bekommen.

Beratungen werden bezuschusst!

Eine der wenigen Ausnahmen bildet dabei die Förderung von Unternehmensberatungen. Wer sich professionelle Unterstützung eines kompetenten Beraters holt, kann dafür von Staat Zuschüsse bis zu 3000 € erhalten. Anders als früher sind mittlerweile fast alle Betriebe im Gastgewerbe förderfähig, denn es gelten heute die EU-Richtlinien für kleine und mittlere Unternehmen. Gefördert werden Betriebe mit bis zu 500 Mitarbeitern.

Ich möchte hier jedoch vorwiegend auf Investitionsförderungen eingehen, wobei gerade das ein Feld ist, in dem eine fachmännische Unterstützung von sehr großer Bedeutung ist.

Förderung regionaler Wirtschaftsstruktur

Hier wird Geld geschenkt!

Auch bei den Programmen zur *Förderung regionaler Wirtschaftsstruktur* geht es meist nicht um zinsgünstige Darlehen, sondern um echte Zuschüsse, also um geschenktes Geld! Leider muss ich den jetzt möglicherweise aufbrausenden Jubel dämpfen: Es ist nicht leicht, an diese Mittel heranzukommen – aber auch nicht unmöglich. Es lohnt sich also, weiterzulesen. Immerhin wurden aus diesem Fördertopf zwischen 1991 und 2008 Zuschüsse in Höhe von annähernd 40 Milliarden € an die deutsche Wirtschaft gezahlt, wovon knapp 2,8 Milliarden € ans Gastgewerbe gingen.

Die Vergabe dieser Mittel ist an verschiedene Bedingungen geknüpft. Die erste davon lautet: Ihr Betrieb muss sich in einem entsprechenden Fördergebiet befinden, denn der volkswirtschaftliche Sinn dieser Programme liegt darin, Gegenden zu helfen, die auf Grund ihrer Wirtschaftsdaten (Arbeitslosigkeit, Bruttosozialprodukt usw.) als strukturschwach gelten. Dabei gibt es verschiedene Abstufungen von Förderwürdigkeit.

Von der Förderstufe hängt es ab, wie hoch ein eventueller Zuschuss ausfällt. Im Höchstfall können zum Zeitpunkt der Drucklegung dieses Buches 30 % der Investition aus diesem Topf bezahlt werden.

Sie müssen Umsätze in die Region holen

Eine weitere Voraussetzung besagt, dass Ihre Investition der Strukturförderung dienen muss; das bedeutet, dass durch Ihre Maßnahme überwiegend Umsätze aus weiterer Entfernung, genauer gesagt aus mehr als 30 km, in die Region geholt werden. Für Restaurants ist diese Hürde nur sehr schwer zu nehmen, bei Hotels kann es da schon ganz anders aussehen.

Einer meiner Kunden aus den alten Bundesländern hat im Rahmen einer solchen Förderung einen ansehnlichen sechsstelligen Betrag als Zuschuss erhalten für den Ausbau seines Hotels zu einem Seminarhotel. Ausschlaggebend dafür war, dass es eine entsprechende Einrichtung vor Ort noch nicht gab. Außerdem konnten wir überzeugend darlegen, dass das Haus hauptsächlich Seminare mit vorwiegend überregionaler Wirkung anlocken und daher der Großteil der Teilnehmer von außerhalb der Region kommen werde.

Wesentlich üppiger fiel der Zuschuss für einen Hotelier in Sachsen-Anhalt aus, der neben Zuschüssen für seinen Hotelausbau sogar Fördergelder für den Umbau einer alten Scheune zu einem großen Veranstaltungsraum erhielt.

So schwer es auch sein mag, an Mittel aus dem Programm *Förderung regionaler Wirtschaftsstruktur* zu kommen, so sinnvoll ist es, die Chancen dafür zu prüfen, da es gegebenenfalls um richtig viel Geld geht.

Zinsverbilligte oder haftungsfreie Darlehen

Fördermittel aus dem ERP-Programm

Das European Recovery Programm, kurz ERP, ist das älteste Wirtschaftsförderprogramm in Deutschland. Es stammt aus der Nachkriegszeit und war ursprünglich vorwiegend mit aus den USA stammenden Mitteln ausgestattet, um den Wiederaufbau Deutschlands zu ermöglichen. Die Bundesrepublik Deutschland hat dieses Programm schließlich übernommen und bis heute weiter geführt.

ERP-Kapital für Gründer und junge Unternehmen

Ein besonders hohes Maß an Unterstützung erfahren Existenzgründer, wobei das *ERP-Kapital für Gründer und junge Unternehmer* besonders hervorzuheben ist. Der große Vorteil für den jungen Unternehmer liegt darin, dass er für dieses Darlehen keine Sicherheiten stellen muss. Es kann allerdings auch nur ein begrenzter Teil der Gründungskosten darüber finanziert werden. Weitere Details können aktuell aus dem Internet bezogen werden.

Weitere Förderkredite

Es gibt zahlreiche weitere Förderkredite. Wie oben schon erwähnt, will ich diese jedoch nicht einzeln aufführen und erläutern, da sich die Programme immer wieder ändern und das Buch dann schnell falsche Informationen bieten würde.
Grundsätzlich erhalten Sie Informationen über Fördermittel auf den Internetseiten des Bundeswirtschaftsministeriums und der KfW-Mittelstandsbank.
www.bmwi.de
www.kfw-mittelstandsbank.de
Kehren wir nun zu den beiden letzten Bestandteilen eines professionellen Business-Plans zurück, den Sicherheiten sowie der Selbstauskunft und Vermögensaufstellung.

6. Sicherheiten

Wie viel Geld Sie von Ihrer Bank bekommen und zu welchen Konditionen dieses Geld zur Verfügung gestellt wird, hängt von verschiedenen Bedingungen ab. Ein ganz wichtiges Thema dabei sind die Sicherheiten.

Banken können nie genug Sicherheiten kriegen!

Von Sicherheiten können Banken gar nicht genug kriegen! Ihre Aufgabe ist es jedoch, so wenig wie möglich davon rauszurücken.
Wenn Sie eine Immobilie erwerben wollen, dann wird ohnehin eine Grundschuld auf das Objekt eingetragen werden. Unter Umständen gibt sich die Bank damit aber nicht zufrieden.
Weitere gern gesehene Sicherheiten sind beispielsweise Lebensversicherungen und Geldanlagen. So lange es sich dabei um Ihr Eigentum handelt, ist der Einsatz solcher Sicherheiten vertretbar, handelt es sich jedoch um das Eigentum von Familienangehörigen oder Freunden, dann sollten Sie sich wirklich dreimal überlegen, ob Sie das jemandem antun wollen.

Vermeiden Sie die Mithaftung des Ehepartners

Besonders beliebt ist es, wenn der Ehepartner den Darlehensvertrag mit unterschreibt. Diesem Druck der Bank sollten Sie nach Möglichkeit konsequent widerstehen.

So lange alles gut geht, spielt es natürlich keine Rolle, ob nur Sie alleine oder auch Ihr Ehepartner den Darlehensvertrag unterzeichnen. Sollte es jedoch eines unschönen Tages schief gehen, ist der Unterschied gewaltig. Es geht immerhin darum, ob nur einer pleite ist – oder gleich beide. Wenn einer der Eheleute eine Firmenpleite schadlos übersteht, hat man noch eine zweite Chance!

Bei Existenzgründern dürfte besonders eindringlich nach Sicherheiten gefragt werden, auch wenn Existenzgründer im Rahmen staatlicher Förderungen gerade bei diesem Thema Entlastungen erfahren können (siehe *Exkurs „Staatliche Förderungen“*).

Geringfügige Beträge mögen als ungesicherte Darlehen ausgegeben werden. Aber selbst in diesem Fall verlangt die Bank oft als Gegenleistung den Abschluss einer Lebensversicherung und die Verpfändung derselben, damit zumindest das Risiko des eventuellen Ablebens des Kreditnehmers gesichert ist.

Manche Sicherheiten sind keine nutzbaren Sicherheiten

Es ist ein immer noch weit verbreiteter Irrtum, man könne durch Gründung einer GmbH, einer Gesellschaft mit beschränkter Haftung, dem Kreditrisiko entkommen (zur GmbH vergleiche *Rechtsformen* im Kapitel *Sonst noch Fragen?*). Zwar ist es richtig, dass die GmbH eine eigenständige juristische Person darstellt und die Haftung auf das Stammkapital beschränkt ist, aber keine Bank gibt einer GmbH Darlehen, ohne die persönliche Haftung einer natürlichen Person, beispielsweise des Geschäftsführers. Wenn Ihr Unternehmen Darlehen aufnimmt, werden Sie dafür haften müssen, gleich welche Rechtsform Sie gewählt haben. Gerade als Selbständiger, der über kein nachweisbares geregeltes Einkommen verfügt, benötigen Sie für jedes Darlehen Sicherheiten. Die Einrichtung Ihres Restaurants oder das Mobiliar Ihrer Hotelzimmer sind als Sicherheiten meist nicht viel wert. Möglicherweise akzeptiert Ihre Bank solche Sicherheiten, wenn sie Ihr Vorhaben grundsätzlich unterstützen möchte, faktisch handelt es sich aber um Scheinsicherheiten. Was sollte Ihre Bank beispielsweise mit Ihren Restauranttischen anfangen, wenn Sie Ihre Kredite nicht mehr bezahlen können?

Wesentlich leichter kommen Sie mit Ihrer Bank ins Geschäft, wenn Sie über Immobilieneigentum verfügen und dies der Bank als Sicherheit anbieten können. Dabei reicht in unseren Tagen die zu erwerbende Gastronomie- oder Hotelimmobilie nicht aus. Sie werden weitere Sicherheiten beibringen müssen.

Für den Fall, dass Sie zusätzlich zur Gewerbeimmobilie Ihr Privathaus mit einer Grundschuld belegen lassen, sollte Ihnen das damit verbundene Risiko klar sein. Wenn Sie mit Ihrem Darlehen in Verzug geraten sollten, kann die Bank frei wählen, ob sie Zwangsmaßnahmen gegen Ihr Privathaus oder gegen Ihren Betrieb ergreift. Die Praxis zeigt, dass die Banken fast immer zuerst die Versteigerung im privaten Bereich betreiben. Dafür gibt es zwei Gründe: Zum einen weiß die Bank, dass Sie Ihre Gewerbeimmobilie brauchen, um weiter Geld verdienen und Zinsen bezahlen zu können, zum anderen weiß sie, dass der Druck bei Vollstreckungen im privaten Bereich höher ist.

Eine besondere Art der Sicherheit ist die Bürgschaft. Ich halte sie für so wichtig, dass ich ihr einen weiteren Exkurs gewidmet habe.

WICHTIG

Bürgen Sie nie – unter keinen Umständen!
Auf diesen einfachen Nenner lässt sich im Prinzip der Umgang mit Bürgschaften zusammenfassen.

Exkurs: Bürgschaft

Unzählige Menschen sind Opfer von einstmals geleisteten Bürgschaften geworden. Die Gründe, weshalb solche Verpflichtungen eingegangen werden, sind mannigfaltig. Sie reichen von bewusster Entscheidung über die Absicht, jemandem zu helfen, bis hin zu völliger Unkenntnis der eingegangenen Verpflichtung.

Leider spielen auch manche Banken und Sparkassen hier nicht mit offenen Karten.

Wer infolge selbst eingegangener Darlehensverpflichtungen in Schwierigkeiten gerät, der kann sich wenigstens noch an die eigene Nase fassen. Wesentlich schwerer findet man sich damit ab, auf Grund einer einst eingegangenen Bürgschaft für die Fehler anderer den Kopf hinhalten zu müssen. Zahllose Menschen haben durch eine Bürgschaftsverpflichtung ohne eigenes Verschulden Hab und Gut verloren und sind um ihre Existenz gebracht worden.

Ehe Sie für jemanden eine Bürgschaft abgeben, ist es in jedem Fall besser, dem Betreffenden eine entsprechende Summe Geld zu leihen. Wenn Sie das nicht können, dann sollten Sie auch nicht bürgen! Als Bürge haben Sie nämlich eine schlechtere Position wie ein Kreditgeber. Wenn Sie Geld verleihen, erhalten Sie mit jeder Rate wieder ein wenig vom Geld zurück. Das Risiko wird also nach und nach kleiner.

Geben Sie lieber ein Darlehen, statt eine Bürgschaft zu übernehmen

Ihre Bürgschaft aber bleibt in voller Höhe stehen, wenn sie nicht gar einer Verzinsung unterliegt. In diesem Fall wächst das Haftungsrisiko des Bürgen sogar Jahr für Jahr an.
Bedauerlicherweise drängen Banken und Sparkassen sehr häufig auf Bürgschaftsübernahmen Dritter im Zusammenhang mit der Gewährung von Darlehen und Krediten. Dass dabei oft gar nicht darauf geachtet wird, ob der Bürge überhaupt imstande ist, für eventuelle Ausfälle aufzukommen, ist unverständlich und unerträglich, wenn man einmal betrachtet, wozu ein Bürge eigentlich da sein sollte.
Ich bin sicher, dass Sie schon einmal von Schillers Ballade *„Die Bürgschaft“* gehört haben. Für jemanden bürgen heißt so viel, wie für jemanden die Hand ins Feuer legen. Im Zusammenhang mit Finanzierungen werden Bürgschaften verlangt, wenn die Bonität des Kreditnehmers alleine für eine Kreditgewährung nicht ausreicht. Der Kunde soll dann eine Person beibringen, die sich ihn verbürgt, die sich also dazu bereit erklärt, wenn der Kreditnehmer nicht mehr zahlen kann, die Schulden desselben zu übernehmen.
Eigentlich kann dies aber nur jemand sein, der finanziell dazu in der Lage ist. In der Praxis sieht das aber oft ganz anders aus. Gerade im Zusammenhang mit Unternehmensfinanzierungen wird häufig der Ehepartner des Unternehmers als Bürge verpflichtet, ganz gleich, ob er über ein entsprechendes Einkommen oder Vermögen verfügt oder nicht! Ich weiß von Fällen, in denen in Ausbildung stehende Kinder als Bürgen für die Darlehen der Eltern verpflichtet wurden.
Ich kenne eine ganze Reihe wirklich dramatischer Geschichten für die Folgen von Bürgschaften. Doch wie kommt es dazu?

Weisen Sie jede Aussicht auf einen Bürgen zurück

Sehr oft werden Bürgschaften aus einer Gefälligkeit heraus geleistet, sei es für den Ehepartner, die Kinder, die Eltern, für Verwandte oder Bekannte. Ausgangspunkt ist, dass die Bank vorgibt, das Darlehen ohne einen Bürgen zu verweigern. Ich kann in diesem Fall nur empfehlen, gegenüber der Bank jede Aussicht auf Beibringung eines Bürgen als unrealistisch zurückzuweisen. Machen Sie klar, dass Sie keinen Bürgen haben, und vergessen Sie nicht, dass nicht nur Sie etwas wollen, sondern auch die Bank, nämlich einen Geschäftsabschluss. Wenn Sie Ihrer Bank von Anfang an jede Hoffnung auf einen Bürgen nehmen, heißt das nicht zwangsläufig, dass Sie keine Chance mehr haben, das Darlehen dennoch zu bekommen.

Bürgschaften kommen oft dann zustande, wenn die Person, die für ein Darlehen einen Bürgen braucht, in der Klemme steckt und glaubt, auf das Darlehen nicht verzichten zu können. Doch auch oder gerade in solchen Fällen muss der Bürge sich im Klaren sein, dass es besser ist, dem Betreffenden das Geld selbst zu leihen als die Bürgschaft zu übernehmen. Eine Bürgschaft ist alles andere als eine Formalität, auch wenn Ihnen das möglicherweise Ihr Banker sagen mag.

Helfen ja! Bürgen nein!

Wenn Sie jemand anspricht, der Sie als Bürgen haben möchte, so müssen Sie dieses Ansinnen unbedingt von sich weisen. Sie können gerne nach anderen Möglichkeiten suchen, der betreffenden Person zu helfen, aber helfen Sie niemandem durch die Übernahme einer Bürgschaft!

Das Problem liegt – wie schon erwähnt – auch darin, dass Banken und Sparkassen durchaus Bürgen akzeptieren, denen sie kein Darlehen in der entsprechenden Höhe gewähren würden. Das heißt, Kreditinstitute akzeptieren Bürgen, deren Bonität sie für nicht ausreichend halten. Ehe Sie geneigt sind, eine Bürgschaft zu übernehmen, sollten Sie also mit der Bank sprechen, ob man Ihnen nicht lieber ein Darlehen in entsprechender Höhe geben wolle. Wird dies abgelehnt, wissen Sie, welches extreme Risiko Sie mit einer Bürgschaft eingehen würden. Wenn Sie zum Ausborgen des Geldes wirtschaftlich nicht in der Lage sind, dann sind Sie auch nicht in der Lage, die Verpflichtungen aus der Bürgschaft zu erfüllen.

BEISPIEL

Lassen Sie mich anhand eines Beispiels erläutern, weshalb es im Zweifelsfall besser ist, jemandem Geld zu leihen, anstatt eine Bürgschaft abzugeben: Stellen Sie sich vor, ein Familienmitglied bittet Sie, für ein Darlehen in Höhe von 40 000 €, das er aufnehmen möchte, zu bürgen.

Sie lehnen das ab, möchten ihm jedoch trotzdem helfen. Da Sie selbst nicht über die notwendigen liquiden Mittel verfügen, gehen Sie selbst zur Bank, um dort ein Darlehen in dieser Höhe aufzunehmen.
Da Sie über ein gutes Einkommen verfügen, erhalten Sie das Darlehen. Davon ausgehend, dass Sie 10 % Zinsen bezahlen und das Darlehen eine Laufzeit von 8 Jahren hat, heißt das, dass Sie monatlich 600 € (Zins und Tilgung) an die Bank zahlen müssen.
Sie sind diese Verpflichtung erst eingegangen, nachdem Sie sich vergewissert haben, dass Sie auch dann ohne Probleme in der Lage sind, diese Raten weiter zu tragen, falls Sie von Ihrem Familienmitglied nichts mehr bekommen sollten. Keinesfalls sollten Sie sich selbst durch eine solche Maßnahme in Gefahr bringen.
Sie schließen wiederum mit Ihrem Angehörigen einen Darlehensvertrag. Scheuen Sie sich nicht, diesen an ein vollstreckbares, notarielles Schuldanerkenntnis zu knüpfen. Bei dem, was Sie für Ihr Familienmitglied tun, ist das nicht zu viel verlangt.
Wenn Sie sich an Ihrem Familienmitglied nicht bereichern wollen, werden Sie einfach die gleiche Rate vereinbaren, die Sie selbst an die Bank zahlen, also in unserem Beispiel 600 € monatlich.
Bislang sieht es so aus, als hätten Sie sich jede Menge Mühen und Arbeiten sparen können, wenn Sie stattdessen eine Bürgschaft übernommen hätten. Sie wären kurz mit zur Bank gegangen und hätten das Dokument unterschrieben. Fertig!
Solange alles gut geht, ist das auch tatsächlich so. Wenn aber stets davon ausgegangen werden könnte, dass alles gut geht, bräuchten die Banken und Sparkassen keine Bürgschaften. Die Folgen des Handelns zeigen sich erst, wenn nicht mehr alles glatt läuft.

Bürgen haften auch für die Zuverlässigkeit

Bürgschaften enthalten zumeist den Zusatz „Unter Verzicht auf Einrede des Vorausklage". Dieser Satz wird den meisten Lesern nichts sagen, aber er ist äußerst bedeutungsvoll. Er heißt nämlich, dass die Bank den Bürgen in die Haftung nehmen kann, ohne dass diese zuerst gegen den Hauptschuldner den Klageweg bestritten hat. Das bedeutet, dass die Bank Sie nicht erst dann als Bürgen heranziehen kann, wenn der Kreditnehmer nachweislich nicht mehr zahlen kann, sondern es reicht aus, dass er – aus welchen Gründen auch immer – seinen Zahlungsverpflichtungen nicht nachkommt. Sie haften als Bürge also nicht nur für die Zahlungsfähigkeit der Person, für die Sie bürgen, sondern auch für deren Zuverlässigkeit. Die Bank kann Ihnen als Bürgen also nicht nur tief in die Taschen greifen kann, sie überlässt es auch Ihnen, anschließend das Geld bei Ihrem Verwandten einzutreiben!

Häufig unterliegen Bürgschaften einer Verzinsung

Hinzu kommt, dass Bürgschaften häufig einer Verzinsung unterliegen und daher Ihre Haftung im Laufe der Zeit steigt.

Schauen wir uns das in unserem Beispiel an: Angenommen Ihr Angehöriger, dem Sie ein Darlehen gaben, stellt seine Zahlungen nach 3 Jahren ein. Dann steht noch eine Restschuld von ca. 28 500 € zu Buche, die Sie nun alleine an die Bank abzahlen müssen. Durch das notarielle Schuldanerkenntnis können Sie – wenn Sie das wollen – sofort gegen Ihren Verwandten vollstrecken, um Ihren Schaden zu mindern.

Bei einer Bürgschaft kann die Sache hingegen ganz anders laufen, auch wenn dies auf den ersten Blick nicht so aussieht. Für den Fall, dass der Schuldner seine Raten an die Bank ebenfalls 3 Jahre lang beglichen hat, steht auch sein Darlehen auf 28 500 €, der Betrag, für den Sie als Bürge gerade stehen müssen.

Zu bedenken ist hierbei, dass Sie eine Bürgschaft über 40 000 € eingegangen sind, die möglicherweise noch einer Verzinsung unterliegt. Eine 10%ige Haftungssteigerung pro Jahr ist dabei nicht ungewöhnlich. In diesem Fall beliefe sich Ihre Haftung schon auf 52 000 €! Kein Problem werden Sie sagen, wenn doch das Darlehen nur noch 28 500 € ausmacht. Richtig, aber nur, wenn dem auch so ist.

Entscheidend dabei ist zum Beispiel, ob Sie nur eine Bürgschaft für ein ganz konkretes Darlehen übernommen haben oder aber insgesamt für die Verbindlichkeiten des Darlehensnehmers. Die Bank wird höchstwahrscheinlich versuchen, Letzteres zu erhalten. Das ist sehr wichtig, denn es ist durchaus wahrscheinlich, dass, ehe es zum Krach mit der Bank kam, auch das Girokonto weit überzogen worden ist. In diesem Fall müssen Sie davon ausgehen, dass die Bürgschaft auf diese Beträge ausgedehnt wird, und plötzlich sehen Sie sich einer größeren Schuld-

summe gegenüber als Ihre ursprüngliche Bürgschaft dies als scheinbaren Höchstbetrag ausweist.
Selbst wenn die Bürgschaft keiner Verzinsung unterliegt, läuft Ihre Haftung auch nach 3 Jahren immer noch über die vollen 40 000 €. Wenn Sie jemandem einen Kredit geben, verringert sich Ihr Risiko mit jeder Rate, die Sie bekommen. Als Bürge bleiben Sie stets der Letzte, den die Hunde beißen.

Bürgschaften sind kündbar

Wenn Sie bereits eine Bürgschaft eingegangen sind, haben Sie jederzeit die Möglichkeit, diese zu kündigen. Dieser Schritt befreit Sie jedoch nicht von der mit Übernahme der Bürgschaft eingegangenen Haftungsverpflichtung, sondern dient lediglich der Schadensbegrenzung. Im Einzelfall kann das von erheblicher Bedeutung sein. Die Kündigung der Bürgschaft sollte spätestens in dem Augenblick erfolgen, in dem abzusehen ist, dass Sie über kurz oder lang ohnehin als Bürge in Anspruch genommen werden, weil Sie damit sicher stellen, dass der Schaden nicht noch größer wird. Sie haften nicht mehr für Verbindlichkeiten, die nach dem Zeitpunkt der Kündigung entstehen, also zum Beispiel auch nicht mehr für weitere Verzugszinsen.

Die Kündigung der Bürgschaft ist riskant

Ansonsten ist die Kündigung einer Bürgschaft äußerst riskant. Angenommen, Sie haben für jemanden eine Bürgschaft übernommen und würden gerne aus dieser Verpflichtung entkommen, weil Sie sich mittlerweile mit der betreffenden Person zerstritten haben. Wenn Sie dann die Bürgschaft kündigen, kann das dazu führen, dass die Bank genau aus diesem Grund den Kredit kündigt, was wiederum zur Folge haben kann, dass Sie als Bürge zahlen müssen. Ein solcher Schritt muss also unbedingt vorher mit der Bank abgestimmt sein.
Doch es geht nicht nur darum, ob Sie für jemanden bürgen sollen, sondern auch darum, ob Sie es wirklich jemandem zumuten möchten, für Ihre Verbindlichkeiten zu bürgen. Machen Sie sich die Beantwortung dieser Frage nicht zu leicht. Wer einmal gesehen hat, was es bedeutet, wenn Menschen ihr Eigenheim, den Lohn eines arbeitsreichen Lebens, verlieren, weil sie als Bürgen in die Haftung genommen worden sind, weiß, wovon ich rede. Es ist – vorausgesetzt, dass Sie niemanden über eventuelle Risiken im Unklaren lassen – viel eher vertretbar, wenn Sie von

Ihnen nahe stehenden Personen Darlehen beziehen oder Eigenkapitaleinlagen, als jemanden in eine Bürgschaftsverpflichtung zu nehmen.

Lassen Sie sich nicht erpressen!

Leider kenne ich eine ganze Reihe von Fällen, bei denen beispielsweise Kinder Ihre Eltern massiv unter Druck gesetzt haben, oder bei denen Eltern das Vertrauen der Kinder missbrauchten, damit die einen für die unternehmerischen Abenteuer der anderen hafteten. Am Ende war dann nicht nur ein Lebenswerk vernichtet, sondern auch der familiäre Zusammenhalt zerstört.

Ich habe diesem Thema relativ breiten Raum gelassen, weil ich es für äußerst wichtig erachte. Deshalb möchte ich am Ende dieses Kapitels den Eingangssatz noch ein wenig verändern.

WICHTIG

Bürgen Sie nie – und lassen Sie nie für sich bürgen!

7. Selbstauskunft, Vermögensaufstellung

Kommen wir nur zum letzten Bestandteil der Bankunterlagen: der Selbstauskunft. Wahrscheinlich hat Ihre Bank eigene Formulare, auf denen Sie eine Selbstauskunft geben können. Wenn nicht, lässt sich diese einfach erstellen.

Es geht im Grunde nur darum, eine Aufstellung zu machen, aus der zu ersehen ist, über welches Einkommen Sie verfügen, welche regelmäßigen Kosten Sie zu tragen haben, über welches Vermögen Sie verfügen und welche Schulden Sie bereits vor der geplanten Investition haben.

Der Banktermin

Nachdem Sie Ihren Business-Plan zusammengestellt haben, können Sie sich auf den Weg zur Bank machen. Dem Banktermin kommt eine ganz besondere Bedeutung zu, denn nicht nur die Unterlagen entscheiden am Ende darüber, ob Sie bei Ihrem Bestreben Aussicht auf Erfolg haben oder nicht, sondern auch Ihr persönliches Auftreten.

Fachliche Unterstützung unterstreicht Ihre Professionalität

Es ist gewiss kein Nachteil, sich zu diesem Gespräch von einem Fachmann begleiten zu lassen. Zum einen unterstreicht es Ihre Professionalität, wenn Sie kompetente Leute an Ihrer Seite haben, und zum anderen hilft es in

der Tat! Ich mache häufig die Erfahrung, dass Bankgespräche wesentlich effektiver laufen, wenn ich mich gleich zu Beginn als ehemaligen Banker vorstelle. Mein Gegenüber weiß dann, dass er nicht lange drum herum reden muss, sondern Klartext reden kann.
Sie dürfen das Bankgespräch aber nicht alleine Ihrem Berater überlassen. Zumindest bei den inhaltlichen Dingen, also bei der Vorstellung Ihres Konzepts und Ihres Vorhabens, sollten Sie der Vortragende sein und klar und unmissverständlich Ihre Vorstellungen beschreiben.
Je bildhafter Sie Ihr Vorhaben darstellen können, umso besser. Der Banker muss den Eindruck haben, dass Sie sehr genau wissen, was Sie wollen, und dass Ihr Plan von vorne bis hinten durchdacht ist.
Wenn Sie im Vortrag nicht besonders geübt sind, dann sollten Sie sich nicht darauf verlassen, dass Ihnen im richtigen Augenblick schon die rechten Worte einfallen werden.
Ich habe selbst einmal erlebt, wie ein Kunde neben mir buchstäblich kein Wort mehr herausbrachte, als der Banker ihn fragte, was er denn nun genau vorhabe. Mir war klar, dass die Kreditanfrage in diesem Augenblick gescheitert war. Auch wenn es brutal klingt: Keine Bank wird Vertrauen in die Schaffenskraft und unternehmerische Durchsetzungsfähigkeit dessen haben, der nicht einmal in der Lage ist, sein Vorhaben selbstbewusst vorzustellen.
Deshalb sollten Sie sich vorher aufschreiben, was Sie sagen wollen – zumindest in Stichpunkten.

Und noch etwas sollten Sie tun. Glauben Sie mir, es ist nicht übertrieben, was ich Ihnen jetzt vorschlage, sondern eine echte Gewinner-Strategie:

Schreiben Sie sich mindestens die ersten drei Sätze, die Sie sagen wollen, auf, und lernen Sie diesen Anfang auswendig!

WICHTIG

Sie stellen damit sicher, dass Ihnen der Einstieg in Ihren Vortrag gelingt. Das gibt Ihnen Sicherheit und hinterlässt beim Banker sofort einen guten Eindruck. Sie wissen ja: Für den ersten Eindruck gibt es keine zweite Chance!

Ein wichtiger Grundsatz für das Bankgespräch – wie übrigens für alle Arten von Besprechungen – lautet: Legen Sie vorher fest, wie weit Sie bereit sind zu gehen.
Das bedeutet, dass Sie vor dem Bankgespräch beispielsweise festlegen, wie hoch maximal der Zinssatz ist, den Sie akzeptieren wollen, oder was Sie im äußersten Fall bereit sind, an Sicherheiten zu geben.
Wenn Sie das erst im Gespräch entscheiden, werden Sie gegen einen gewieften und erfahrenen Unterhändler schlechte Karten haben und sich womöglich auf Dinge einlassen, die Sie später bereuen werden.

Sichern Sie sich ein Heimspiel

Von Bedeutung ist auch die Frage, wo das Bankgespräch stattfindet. Heimvorteil gibt es nicht nur im Fußball. Nach Möglichkeit sollten Sie die Banker für ein wichtiges Gespräch zu sich einladen. Hier sind Sie der Herr, und Sie treten in Ihren vier Wänden sicherer auf als im Büro des Bankers.
Außerdem haben Sie in Ihrem Betrieb bessere Möglichkeiten, Ihr Vorhaben zu präsentieren. Sie können nicht nur Ihren Business-Plan aushändigen, sondern Ihre Pläne darüber hinaus mit Hilfsmitteln wie Overheadfolien, Flipchart oder einer computergestützten Präsentation via Beamer erläutern. Je professioneller Ihre Präsentation ist, umso höher ist die Wahrscheinlichkeit, dass Ihre Anfrage Erfolg hat.

Geben Sie den Business-Plan erst beim Gespräch raus

Im Vorfeld des Banktermins kann es sein, dass Ihr Banker Sie bittet, ihm schon vorab die Unterlagen zukommen zu lassen, damit er sich in die Materie einlesen kann. Auch wenn das Ansinnen vernünftig klingt: Machen Sie es nicht! Wenn der Banker Ihren Business-Plan bereits studiert hat, ehe er zu Ihnen kommt, tritt er bereits mit einer vorgefassten Meinung bei Ihnen an. Die Möglichkeiten, ihn mit einer gelungenen Präsentation zu beeindrucken, sind dann weitaus geringer.
Und kaum etwas ist so schwierig, als einen Banker umzustimmen, der Ihr Vorhaben ablehnen möchte.

Fraglos ist es für Unternehmer im Gastgewerbe schwer, an Darlehen zu kommen. Wer sich jedoch durch eine professionelle Vorbereitung und Präsentation seines Vorhabens aus der Masse heraushebt, hat auch heute Chancen, seine Träume zu verwirklichen.

CHECKLISTE

- Planen Sie in näherer Zukunft Investitionen?
- Kennen Sie die Kosten für die Anschaffungen?
- Verfügen Sie über Eigenkapital?
- Gibt es noch weitere Möglichkeiten, sich Eigenkapital zu beschaffen?
- Welche Sicherheiten stehen Ihnen zur Verfügung?
- Mit welchen Mitteln ließe sich Ihr Vorhaben professionell präsentieren?

SONST NOCH FRAGEN?

Wahl der Rechtsform

GmbH oder Einzelfirma? Was ist besser?

In der Tat habe ich diese Frage schon öfter gehört. Ich möchte gleich vorwegnehmen, dass es darauf keine allgemein gültige Antwort gibt. Vielmehr gibt es eine ganze Reihe unterschiedlicher Rechtsformen, in denen ein gastronomisches Unternehmen organisiert sein kann. Welche Möglichkeiten es dabei gibt und welche Vor- und Nachteile die einzelnen haben, will ich im Folgenden erläutern.

Die Wahl der Rechtsform muss wohlüberlegt erfolgen

Grundsätzlich unterscheidet man zwischen *Personengesellschaften*, inklusive dem Einzelunternehmen, und *Kapitalgesellschaften*.

Die Personengesellschaften zeichnen sich dadurch aus, dass es eine oder mehrere Personen gibt, die mit ihrem Privatvermögen für Verbindlichkeiten des Unternehmens haften.

Kapitalgesellschaften sind Unternehmen, bei denen es keine uneingeschränkt persönlich haftenden Personen gibt, sondern lediglich Gesellschafter, die mit ihrer Einlage haften.

Personengesellschaften	Kapitalgesellschaften
Einzelfirma	GmbH (Ges. mit beschränkter Haftung)
GbR (Ges. bürgerlichen Rechts, BGB-Ges.)	Unternehmergesellschaft
OHG (offene Handelsges.)	AG (Aktiengesellschaft)
KG (Kommanditges.)	
GmbH & Co. KG	

Einzelfirma

Die *Einzelfirma* ist das Unternehmen einer einzelnen Person, die mit dem gesamten Vermögen für alle Verbindlichkeiten des Unternehmens haftet. Sie ist die häufigste Unternehmensform. Wer als einzelne Person ein Unternehmen gründet und führt, betreibt automatisch eine Einzelfirma, wenn er keine andere Gesellschaftsform wählt.

Der Vorteil liegt in geringen Gründungskosten und relativ geringen gesetzlichen Anforderungen an Buchführung und Jahresabschluss.
Der Nachteil liegt in der uneingeschränkten persönlichen Haftung. Geht das Unternehmen den Bach runter, tritt zumeist auch eine persönliche Insolvenz ein.

Die Einzelfirma wird von einer Person geführt, die in vollem Umfang persönlich haftet.

WICHTIG

Gesellschaft bürgerlichen Rechts

Die *Gesellschaft bürgerlichen Rechts* (GbR, auch BGB-Gesellschaft genannt) entsteht, wenn mehrere Personen gemeinsam geschäftliche Aktivitäten entwickeln. Es ist sinnvoll, die Zusammenarbeit in einem Gesellschaftsvertrag zu regeln, gesetzlich vorgeschrieben ist dies jedoch nicht. Eine GbR entsteht nicht selten allein schon aus gemeinsamem Handeln, wobei sich die Beteiligten häufig gar nicht im Klaren darüber sind, dass rechtlich gesehen eine solche Gesellschaft gegründet worden ist.
Wenn Sie beispielsweise zusammen mit zwei oder drei Kollegen einen Event ausrichten, so haben Sie – ohne jeden formalen Akt – zusammen mit den Kollegen eine GbR gegründet. Dies kann haftungsrechtlich sehr bedeutsam werden, denn in einer GbR haftet jeder Gesellschafter wie bei einem Einzelunternehmen– nämlich in voller Höhe aller Verbindlichkeiten.
Angenommen einer Ihrer Partner kann eine im Zusammenhang mit der Veranstaltung stehende Lieferantenrechnung nicht bezahlen, dann kann es gut sein, dass sich dieser Lieferant an Ihnen schadlos hält. Wenn der Erlös der Veranstaltung bereits verteilt ist, sind Sie am Ende womöglich der Dumme. Sie haften nur dann nicht für Ihren Partner, wenn dessen Verbindlichkeit aus einer rechtswidrigen Handlung herrührt.
Auf diese Weise können die fehlenden Formvorschriften bei der Gründung Vor- und Nachteil zugleich sein. Die Gründung einer GbR ist unbürokratisch, aber unter Umständen nicht ungefährlich.

Die GbR gründet sich schon durch gemeinsames Handeln.

WICHTIG

Offene Handelsgesellschaft

Die *offene Handelsgesellschaft (OHG)* ist der GbR durchaus verwandt, allerdings bedarf sie eines Gesellschaftsvertrags. Die Haftung ist noch weitreichender als bei der GbR, weil in jedem Fall jeder Gesellschafter mit seinem gesamten Privatvermögen für Verbindlichkeiten des Unternehmens haftet.

Sehr problematisch ist eine OHG also dann, wenn die Gesellschafter deutlich unterschiedliche Vermögensverhältnisse aufzuweisen haben; denn im Fall einer Insolvenz erwischt es natürlich immer den mit dem größten Vermögen, weil bei ihm am meisten zu holen ist.

Aus Sicht der Bonität und Kreditwürdigkeit ist eine offene Handelsgesellschaft die beste Gesellschaftsform, weil einem Kreditgeber gleich mehrere persönlich haftende Personen zur Verfügung stehen.

Die OHG ist eine Rechtsform, die man nur wählen sollte, wenn man sich auf seine Mitgesellschafter 100-prozentig verlassen kann. Darüber hinaus sind die Pflichten und Rechte aller Gesellschafter peinlich genau vertraglich zu regeln.

WICHTIG

In der OHG haften alle Gesellschafter uneingeschränkt!

Kommanditgesellschaft

Eine *Kommanditgesellschaft (KG)* besteht aus zwei Komponenten, dem Komplementär und den Kommanditisten. Während der Komplementär wie der Einzelunternehmer uneingeschränkt haftet, beschränkt sich das finanzielle Risiko der Kommanditisten auf ihre Einlage.

In manchen Fällen ist es jedoch so, dass die gezeichnete Einlage, also der Betrag, mit dem man sich an der KG beteiligen will, höher ist, als die zunächst zu leistende Zahlung. Das bedeutet, dass man den Differenzbetrag nachreichen muss, falls das Unternehmen in die Insolvenz gehen sollte.

Die KG als Beteiligungsmodell

Die Kommanditgesellschaft ermöglicht es, dem Unternehmer Eigenkapital zuzuführen, ohne den kapitalgebenden Personen in größerem Umfang Mitspracherechte einzuräumen. Die KG kann zum Beispiel sinnvoll sein, wenn man seine Mitarbeiter wirtschaftlich in das Unternehmen

einbinden möchte. Dadurch, dass sie mit ihrem Geld an der Firma beteiligt sind, erhöht sich wahrscheinlich die Bindung zum Unternehmen und die Motivation zur Leistung. Trotzdem bleiben Sie als Chef derjenige, der sagt, wo es lang geht.
Selbstverständlich müssen Sie die Kommanditisten über die Entwicklung der Geschäfte informieren und sie an den Gewinnen in geeigneter Form beteiligen.

WICHTIG

In der Kommanditgesellschaft haftet der Komplementär in vollem Umfang und der Kommanditist mit seiner Einlage.

GmbH & Co. KG

Die *GmbH & Co. KG* ist eine Art Zwitter. Formal wird sie den Personengesellschaften zugerechnet, da sie im Kern eine Kommanditgesellschaft ist.
Die Besonderheit liegt aber darin, dass der Komplementär selbst eine GmbH ist. Der per Definition voll Haftende ist also nur beschränkt haftbar.
Ansonsten funktioniert sie wie eine KG. Durch das Wegfallen einer persönlich haftenden Person ist jedoch die Kreditwürdigkeit wesentlich schwächer als bei der KG.

Die GmbH & Co. KG ist eine Sonderform der KG, bei der eine GmbH die Funktion des Komplementärs übernimmt.

Gesellschaft mit beschränkter Haftung

Die *Gesellschaft mit beschränkter Haftung (GmbH)* ist die häufigste Kapitalgesellschaft in Deutschland. Sie kann von einer oder mehreren Personen gegründet werden und verfügt über ein bestimmtes Stammkapital, das bei der Gründung einbezahlt werden muss. Die Mindestsumme für dieses Stammkapital beläuft sich auf 25 000 €. Gibt es nur einen Gesellschafter, so muss dieser das Stammkapital bei Gründung in voller Höhe einbringen. Gibt es mehrere Gesellschafter, so muss mindestens die Hälfte des Stammkapitals an den Start gebracht werden.
Die Gesellschafter wählen einen oder mehrere Geschäftsführer, die die Verantwortung für das Unternehmen tragen. Rechte und Pflichten des Geschäftsführers, aber auch der

Gesellschafter sind im GmbH-Gesetz detailliert geregelt. Die Gesellschafter haften nur mit ihrer Einlage, der Geschäftsführer, der nicht zwingend auch Gesellschafter sein muss, haftet dann für Vermögensschäden, wenn er gegen gesetzliche oder vertragliche Pflichten verstößt.

Kredite gibt es nur mit persönlicher Haftung

Die GmbH bietet eine Haftungsbegrenzung. Die Folge davon ist, dass die GmbH ohne einen persönlichen Bürgen kaum Kredite bekommen wird. Deutlich stärker als bei Personengesellschaften ist auf die gesetzlichen Vorgaben zu achten. Da Änderungen in der Gesellschaft jeweils notariell zu beurkunden und außerdem veröffentlichungspflichtig sind, eignet sich die GmbH nicht für häufigen Gesellschafterwechsel.

Die GmbH kommt oft als Betreibergesellschaft zum Tragen, falls – was durchaus sinnvoll sein kann – Eigentum und Betrieb getrennt werden. Wenn Sie beispielsweise einen Eigentümerbetrieb führen, können Sie eine GmbH gründen und dieser das Objekt verpachten. Das bringt einerseits mögliche Vorteile in der steuerlichen Gestaltung (sprechen Sie gegebenenfalls mit Ihrem Steuerberater darüber) und erweist sich andererseits als sehr hilfreich im Krisenfall. Wenn Sie als Eigentümer Probleme mit Ihrer Bank haben, wird sich das automatisch negativ auf den Betrieb auswirken, wenn Eigentum und Betrieb nicht getrennt sind. Wird der Betrieb jedoch von einem eigenständigen Unternehmen geführt, dann kann man – zumindest für einige Zeit – noch sehr gut weiter arbeiten, auch wenn man als Eigentümer vielleicht die eine oder andere Bankrate im Rückstand ist. Der Grund dafür ist einfach: Die Bank belastet die Rate Ihrem Konto und entzieht dadurch – bei nur einer gemeinsamen Firma – dem Betrieb die lebensnotwendige Liquidität. Das passiert nicht, wenn Eigentum und Betrieb getrennt sind, weil dann die Bank die Darlehensraten nicht dem Betriebskonto, sondern nur dem Eigentumskonto belastet.

Genauso kann die Rechtsform einer GmbH von Vorteil sein, wenn man einen fremden Betrieb pachtet, da man dadurch das Risiko begrenzt. Zwar werden die meisten Verpächter von einer GmbH als Pächter nicht sehr begeistert sein; da es aber zurzeit überhaupt sehr schwer ist, einen guten Pächter zu finden, werden viele bereit sein, in den sauren Apfel zu beißen.

Eine GmbH kann sehr interessant sein, wenn man Eigentum und Betrieb trennen will oder wenn man einen Betrieb pachten möchte.

WICHTIG

Unternehmergesellschaft (haftungsbeschränkt)

Seit dem 1. November 2008 gibt es eine Variante der GmbH, nämlich die Unternehmergesellschaft (haftungsbeschränkt). Im Grunde funktioniert sie wie eine GmbH, allerdings ist sie wesentlich einfacher zu gründen. Das liegt vor allem daran, dass keine 25 000 € zur Gründung benötigt werden. Mit einer Einlage ab einem Euro kann die Unternehmergesellschaft an den Start gehen, ist jedoch verpflichtet, jeweils 25 % des Jahresgewinns (außer es bestehen Verlustvorträge) einer Kapitalrücklage zuzuführen. Diese Rücklagenbildung muss so lange fortgeführt werden, bis mindestens 25 000 € zusammen sind, wobei die Ersteinlage mitgerechnet wird. Sobald die Rücklage 25 000 € erreicht hat, kann die Unternehmergesellschaft in eine GmbH umfirmiert werden. Von da an ist es auch nicht mehr erforderlich, einen Teil des Gewinns den Rücklagen zuzuführen.

Bis zu diesem Zeitpunkt muss die Firma mit dem Zusatz „Unternehmergesellschaft (haftungsbeschränkt)" bzw. „UG haftungsbeschränkt" geführt werden.

Die Unternehmergesellschaft ermöglicht es also auch Unternehmern, die über wenig Eigenkapital verfügen, eine Kapitalgesellschaft zu gründen und damit das eigene Haftungsrisiko einzuschränken.

Aktiengesellschaft

Die *Aktiengesellschaft (AG)* ist in der Gastronomie eine seltene Gesellschaftsform. Dabei ist die Errichtung einer AG vor einigen Jahren mit der Schaffung der Kleinen AG erleichtert worden. Hier werden nur 50 000 € zur Gründung benötigt. Der Vorteil der AG gegenüber der GmbH liegt in der wesentlich vereinfachten Veräußerung von Gesellschaftsanteilen. Sie kann also zum Beispiel bei einem Mitarbeiterbeteiligungsmodell durchaus eine Alternative zur KG darstellen. Das Risiko bei der Sache liegt darin, dass unter Umständen wesentliche Anteile des Firmenvermögens in unerwünschte Hände fallen können.

WICHTIG

In der Aktiengesellschaft können die Geschäftsanteile leicht veräußert werden.

Die Ausführungen zeigen, warum die eingangs gestellte Frage, welche Rechtsform sich nun für die Führung eines Hotels bzw. eines gastronomischen Betriebs besonders eignet, nicht generell beantwortet werden kann.
Wichtig ist es, sich auf jeden Fall bezüglich der Rechtsform Gedanken zu machen, um nicht eines Tages unliebsame Überraschungen zu erleben.

Pacht oder Eigentum?

Lange Zeit betrachteten viele den Pächter als Gastronomen 2. Klasse. Die weit verbreitete Meinung war, dass der Eigentümerbetrieb dem Pachtbetrieb weit überlegen wäre, weil der Eigentümer nicht in eine fremde Immobilie investiert, sondern selbst Werte schafft.

Die Lebensplanung gerät ins Wanken

Die Entwicklung der letzten Jahre hat diese Betrachtungsweise deutlich ins Wanken gebracht, denn wer jahrzehntelang in dem Glauben lebte, später seinen Betrieb verkaufen und vom Erlös seinen Lebensabend bestreiten zu können, sieht sich jetzt bitter enttäuscht. Hotels bzw. gastronomische Betriebe aller Art sind nämlich derzeit nahezu unverkäuflich. An dieser Tatsache, die ich schon in der Erstfassung dieses Buches – also im Jahr 2004! – feststellte, hat sich bis heute nichts geändert. Möglicherweise ist die Lage sogar noch schwieriger geworden.
Der Grund ist einfach: Wegen der vielen Verluste, die Banken und Sparkassen in den letzten Jahren im Gastgewerbe hinnehmen mussten, wird in diese Branche kaum noch investiert. Und die weltweite Finanzkrise hat diese restriktive Bankenhaltung weiter verstärkt. Daher haben auch Kaufwillige nur selten die Chance, eine entsprechende Finanzierung zu erhalten. Mich sprechen des Öfteren Personen an, die Käufer für ihr Objekt suchen. Diese Menschen sind meist sehr verwundert, wenn ich ihnen sage, dass nur dann Aussicht darauf besteht, einen Käufer zu finden, wenn der Verkäufer auch gleich die Finanzierung

mit anbieten kann. Klingt wie verkehrte Welt, ist heute aber Realität.
Aus diesem Grund stellen Gastronomieimmobilien derzeit kaum einen realen Wert dar. Dadurch sind viele Betreiber, die sich altersbedingt eigentlich längst zur Ruhe setzen wollten, an ihr Eigentum gekettet. Der Eigentümerbetrieb wird zum Fluch.

Ein guter Pächter ist nicht leicht zu finden

Viele hoffen dann, zumindest einen Pächter zu finden, der ihren Betrieb fortführt und mit den Pachtzahlungen den Lebensabend der Eigentümer sichert. Doch auch hier tritt bei vielen schnell eine unangenehme Ernüchterung ein. Es ist wirklich schwer, einen guten Pächter zu finden. Wer glaubt, er könne von einem Pächter gar noch große Sicherheitsleistungen und Ablösen für Einrichtungen verlangen, ist bei der Pächtersuche ohne Chance. Ganz im Gegenteil: In der Realität gibt es nicht selten eine pachtfreie Anlaufphase und weiteres Entgegenkommen, nur um endlich jemanden zu finden. Und ich kenne eine ganze Reihe von Betrieben, in denen nach schweren Enttäuschungen mit Pächtern die Eigentümer gezwungenermaßen selbst wieder ins Geschäft eingestiegen sind.
Einfacher ist es für den Eigentümer, wenn die Nachfolge geregelt ist. Dann kann man darauf hoffen, dass auch wieder bessere Zeiten für die Gastronomie kommen werden.

Der Pächter hat es in vieler Hinsicht leichter. Er schließt einen zeitlich begrenzten Pachtvertrag, und wenn er nicht mehr will, verlängert er diesen eben nicht. Meistens sind die Pachten niedriger als die Kapitaldienstraten bei einem mit Darlehen finanzierten Eigentum. Dadurch kann der Pächter eher etwas fürs Alter zurücklegen als der Eigentümer, der ja lange im Glauben lebte, das erworbene Eigentum sei seine Altersversorgung.

Nur im eigenen Betrieb ist man sein eigener Herr!

Trotzdem kann man nicht einseitig der Pacht gegenüber dem Eigentum den Vorrang geben. Im Eigentum lässt sich langfristiger planen, man ist sein eigener Herr und geht einem möglichen Kleinkrieg, den es immer wieder zwischen Pächtern und Verpächtern gibt, aus dem Weg. Für viele Menschen hat Eigentum auch einen Symbolwert, aus dem sie die Motivation für besondere Leistungen schöpfen. In diesem Bereich endet allerdings die Beurteilungsmöglichkeit des Kaufmanns.

Die Pacht kann heute sehr gut als Übergangsmodell dienen, in dem die Voraussetzungen für einen späteren Kauf geschaffen werden. Wenn der Pächter den Betrieb einige Zeit erfolgreich führt, dann wird es für ihn wesentlich leichter eine Bank zu finden, die ihm den Kauf ermöglicht. Andererseits verringert der Pächter sein Risiko. Er kann die Ertragskraft des Objektes testen, ohne sich bis über beide Ohren zu verschulden.
Bei einem solchen Modell ist es wichtig, dass zu Beginn schon alle Eventualitäten geregelt werden. Das heißt, der Pächter sollte sich von Anfang an eine Kaufoption zu einem bestimmten Preis ins Grundbuch eintragen lassen, denn nur dann ist sichergestellt, dass er später das Objekt auch zu den besprochenen Konditionen erhalten kann. Im anderen Fall liefe er nämlich Gefahr, dass er durch seine eigene Tüchtigkeit und durch den damit verbundenen Erfolg den Preis nach oben treibt und sich damit ins eigene Fleisch schneidet.

WICHTIG

Eigentum ist noch immer eine gute Sache, aber die Pacht ist mehr als eine Notlösung!

Der Wille zum Erfolg

Es gibt etwas, das all diejenigen unter meinen Kunden verbindet, die sehr erfolgreich sind: Es ist der Wille zum Erfolg – noch mehr der Wille und das Bestreben, zumindest im lokalen Markt die Nr. 1 zu sein.

Das ist die Voraussetzung für überdurchschnittlichen Erfolg. Wenn Sie Erfolg haben wollen, dann müssen Sie sich hohe Ziele setzen. Und wenn Sie sich hohe Ziele setzen, dann wissen Sie – bei realistischer Betrachtung –, dass Sie auch Überdurchschnittliches leisten müssen. Um den ersten Platz zu belegen reicht es eben nicht, so gut wie die anderen zu sein. Man muss alle anderen übertreffen und stets einen Schritt voraus sein.

Wer Erfolg haben will, muss sich zeigen

Ich erlebe immer wieder Kunden, die – gemäß der Struktur ihrer Persönlichkeit – gerne Erfolg hätten, ohne aufzufallen. Das ist, gelinde gesagt, äußerst schwierig. Wer die Nummer 1 sein will, muss ins Rampenlicht wollen. Auch

wenn es hart klingt: Unsere Welt ist nicht für die Schüchternen gemacht! Sollten Sie dennoch eher zu dieser Gruppe Menschen gehören, dann lassen Sie sich jetzt nicht abschrecken. Sie wären nicht der Erste, der es schafft, über seinen Schatten zu springen. Vielleicht müssen Sie zunächst mit ganz kleinen Sprüngen beginnen.
Wenn Sie es allerdings als unabänderlich ansehen, dass Sie mehr der Typ „Graue Maus" sind, dann wird es auch dabei bleiben. Ihr Weg zum Erfolg wird dadurch extrem schwierig!

Der Blick von außen

Betriebsblindheit ist unvermeidbar

Betriebsblindheit ist weder eine besondere Form von Behinderung noch ein Zeichen mangelnder unternehmerischer Fähigkeit. Vielmehr ist es etwas, was sich nicht vermeiden lässt, was man aber bekämpfen kann – und unbedingt muss! Der Grund für Betriebsblindheit ist ganz einfach: Gewohnheiten schleifen sich ein, die guten wie auch die schlechten.
Wenn dem nicht so wäre, könnten wir zum Beispiel nicht Auto fahren, weil wir nie über den Status des Anfängers hinauskämen. Sicher erinnern Sie sich noch an Ihre ersten Fahrstunden. Man weiß gar nicht, wie man alles unter einen Hut kriegen soll: lenken, Kupplung treten, Gang einlegen, vorsichtig Gas geben, in den Rückspiegel schauen, und das alles auf einmal! Heute denken Sie darüber gar nicht mehr nach, die Abläufe haben sich automatisiert, und die ganze Fahrerei geht wie von selbst.
Man kennt das Phänomen auch aus dem Sport. Ob beim Skispringen oder beim Bodenturnen, beim Tennisaufschlag oder beim Golf, beim Fußball oder beim Basketball: Bewegungsabläufe werden tausendfach eingeübt, bis sie in Fleisch und Blut übergehen, damit sie im Wettkampf auch in kniffligen Situationen abgerufen werden können.
Ganz wichtig in der Trainingsphase ist dabei der Trainer, der stets überwacht, ob auch die richtigen Abläufe eingeübt werden. Dazu werden intensive Videostudien betrieben um zu zeigen, wo es gut läuft und wo noch Verbesserungsbedarf besteht. Von größter Bedeutung ist dabei, dass keine falschen Sachen eingeübt werden, weil auch

die falschen Dinge durch die ständige Wiederholung in Fleisch und Blut übergehen.
Der Sportler selbst könnte diese Fehler alleine nicht erkennen, da er nicht die Möglichkeit hat, sich von außen zu betrachten, denn das kann niemand! Er würde bei mangelndem Erfolg vielleicht sein Trainingspensum weiter steigern und damit den Fehler immer weiter verstärken. Am Ende würde er nicht verstehen, was er sonst noch tun sollte, um erfolgreich zu sein und würde resignieren und sich damit abfinden, dass er kein Siegertyp ist. Dabei fehlt es vielleicht nur an einer Kleinigkeit.
Niemand hat eine Außenansicht von sich. Das betrifft die Persönlichkeit wie auch den Betrieb. Und im Unternehmen gilt das Gleiche wie im Sport: Auch hier werden Verhaltensmuster eingeübt. Da Sie aber wahrscheinlich keinen Trainer haben, der Sie laufend beobachtet und Sie kritisiert, wissen Sie auch nicht, was Sie falsch machen, sondern Sie verfestigen weiterhin Ihre Fehler.

Viele trennen nur Kleinigkeiten vom großen Erfolg

Deshalb ist es unverzichtbar, sich hin und wieder jemanden ins Haus zu holen, der quasi die Funktion des Trainers übernimmt. Eine Person, die Ihren Betrieb und die Abläufe analysiert, die feststellen kann, was gut läuft und wo es hakt. Stellen Sie sich vor, es sind nur Kleinigkeiten, die Sie vom Erfolg trennen, aber Sie sind nicht in der Lage, diese Kleinigkeiten zu erkennen. So erlebe ich es aber oft!
Im Kapitel *Individuelle Profilierung* (S. 72) habe ich aufgezeigt, dass die Betreiber oft selbst klare Profilierungschancen nicht erkennen, weil sie zu nah dran sind, weil sie zu tief in ihrem Alltag stecken. Einem Außenstehenden fällt es viel leichter, solche Chancen zu erkennen.
Das gilt aber nicht nur für Chancen, sondern ebenso für Fehler. Auch solche bleiben demjenigen, der sie macht, oft lange Zeit unentdeckt. Manchmal können es die Leute gar nicht verstehen, dass ihnen bislang Fehler nicht aufgefallen sind, auf die man sie aufmerksam macht, weil sie so offensichtlich zu sein scheinen. Der blinde Fleck, also der Teil unserer Persönlichkeit und unseres Lebensumfelds, den wir nicht sehen können, weil wir nur über eine Innenansicht verfügen, ist größer als wir denken!
Wir können diesen Bereich nur mit der Hilfe anderer Menschen sichtbar machen. Beim Betrieb ist das von existenzieller Bedeutung.

Aus diesem Grund ist auch ein regelmäßiger Check Ihres Unternehmens durch einen außenstehenden Fachmann ein unerlässliches Werkzeug zur Existenzsicherung und erst recht zur Optimierung Ihrer betrieblichen Leistung. Sie können darauf nicht verzichten!

Sie haben sich dieses Buch gekauft in der Hoffnung, einiges darüber zu erfahren, was Sie besser machen können, aber auch um Bestätigung auf den Feldern zu erhalten, auf denen Sie gut sind. Allein dadurch, dass Sie sich auf diesem Weg fortbilden, heben Sie sich bereits deutlich von einem Großteil ihrer Kollegen ab. Und wenn Sie den einen oder anderen Ratschlag dieses Buchs befolgen, wird Sie das ganz sicher weiter nach vorn bringen.
Trotzdem bleibt ein Rest Ihres blinden Flecks, den Sie mit keinem Buch der Welt komplett ausleuchten können, denn das Problem ist: Auch wenn Sie sich und Ihren Betrieb an den gemachten Aussagen messen, dann sind es immer noch Sie selbst, der entscheidet, was Sie gut machen und was nicht. Da beißt sich die Katze in den Schwanz!

Führen Sie Ihren Betrieb zum Erfolg! Sie haben es verdient!

CHECKLISTE

- Führen Sie einen Eigentümerbetrieb?
  Wenn ja:
  – Sind Eigentum und Betrieb rechtlich getrennt?
- Führen Sie einen Pachtbetrieb?
  Wenn ja:
  – In welcher Rechtsform?
- Führen Sie den Betrieb mit anderen zusammen?
  Wenn ja:
  – In welcher Rechtsform ist die Kooperation geregelt?
  – Gibt es einen Gesellschaftervertrag?
  – Sind Ihre Rechte und Pflichten ausgewogen?
- Wollen Sie Außenstehende und/oder Ihre Mitarbeiter am Unternehmen beteiligen?
  Wenn ja:
  – Mit welchem Modell wollen Sie dies realisieren?
- Wann haben Sie zuletzt Ihren Betrieb von einem Außenstehenden durchchecken lassen?

ZUM WEITERLESEN

Weitere Bücher von **Helmut Kammerer** finden Sie im Matthaes Webshop. Zum Beispiel seinen Ratgeber **„100 geniale Praxistipps für Hotellerie und Gastronomie“**.

„Wie binde ich meine Mitarbeiter an das Unternehmen?“, „Wie erziele ich mehr Gewinn in kürzerer Zeit?“. Hier verrät der Unternehmensberater Tipps und Tricks, die er in seiner 20-jährigen Laufbahn gesammelt hat. Nutzen Sie dieses Wissen zu Ihrem Vorteil und optimieren Sie Ihre Unternehmensgewinne.

Unterteilt in die Bereiche **Kaufmännisches, Mitarbeiter, Marketing, Verkauf und Strategie** finden Sie **ohne großen Zeitaufwand** Ratschläge zu den verschiedensten Fragen. Die praxiserprobten Tipps sind **leicht umzusetzen** und können mit einem Blick auf **Aufwand, Nutzen und Umsetzbarkeit** hin geprüft werden. So können Sie im stressigen Alltag bei aufkommenden Fragen einfach nachlesen und optimal auf Ihr Problem reagieren.

Ein schneller und sicherer Weg zum Erfolg!
Überzeugen Sie sich selbst. Einen kurzen Auszug finden Sie auf den folgenden Seiten.

Helmut Kammerer
100 geniale Praxistipps
für Hotellerie und Gastronomie
176 Seiten
ISBN: 978-3-87515-036-9

Fixkosten senken – Auto

Eine gute Möglichkeit, Fixkosten einzusparen ist das liebe Auto. Jemand, der eine Schwäche für tolle Wagen hat, kann der Freude am (schnellen) Fahren oder einer bestimmten Ästhetik nur schwer widerstehen. Obwohl ich weiß, dass das Auto aus Sicht einiger Leser eine heilige Kuh ist, muss aus kaufmännischer Sicht festgestellt werden: Ein Auto ist ein Nutzgegenstand – alles, was über den Nutzwert hinausgeht, ist purer Luxus! Ja, mehr noch als das: vielleicht sogar geschäftsschädigend.

Alles, was den reinen Nutzen übersteigt, ist Luxus!

Jeder muss sich die Frage stellen, ob er bereit ist, für diesen Luxus mehr Geld auszugeben, als wirtschaftlich sinnvoll und vertretbar ist. Gerade in kleinen Betrieben macht es eben einen ganz erheblichen Unterschied, ob monatlich 400 oder 1000 Euro für den Wagen aufgebracht werden müssen. Die Differenz bedeutet beispielsweise, dass Sie jeden Tag zwei gut konsumierende Speisegäste allein dafür brauchen, um den Kostenunterschied der beiden Fahrzeuge zu decken – vorausgesetzt Sie haben sieben Tage die Woche geöffnet.

Natürlich kann das jeder halten, wie er will, aber man sollte sich der Größenordnung bewusst sein und der Tatsache, dass es sich um echten Luxus handelt. Ich habe mehr als einmal Gastronomen und Hoteliers kennen gelernt, die sich aus angeblichem Geldmangel seit Jahren keinen Urlaub gönnen, aber einen dicken Mercedes oder einen 7er-BMW fahren. Urlaub wurde gestrichen, weil er als Luxus empfunden wurde, aber einen kleineren Wagen zu fahren, war nicht hinnehmbar.

Dabei kann ein schweres Auto auch das Geschäft hemmen.

Schwere Autos erzeugen Neid!

Wenn Sie Ihren Betrieb in einer großen Stadt haben, spielt das keine Rolle, aber wenn Sie in ländlichem Gebiet tätig sind, ist es keineswegs hilfreich, wenn Ihr Umfeld denkt, dass Sie zu viel Geld haben.

Problematisch wird es, wenn Sie finanziell in der Klemme stecken. Ob Sie nun die Bank um eine Kreditausweitung, Ihre Lieferanten um Zahlungsaufschub, oder Ihre Mitarbeiter um die Möglichkeit einer späteren Lohnauszahlung bitten, es ist in jedem Fall schlecht, wenn Sie dazu mit einem 7er-BMW vorfahren. Knausern Sie mit dem Auto und gönnen Sie sich lieber einen schönen Urlaub. Wenn Sie sich unter Palmen einen leckeren Longdrink gönnen, sieht das zuhause keiner!

> AUFWAND: MÖGLICHERWEISE EMOTIONAL ERHEBLICH
>
> NUTZEN: KOSTENERSPARNIS
>
> UMSETZBARKEIT: SPÄTESTENS, WENN NEUES FAHRZEUG ANSTEHT

EIN KURZES WORT ZUM SCHLUSS

Ich hoffe, Sie haben Wissenswertes für sich aus diesem Buch ziehen können. Wenn Sie es ganz gründlich durchgearbeitet und die Checklisten ehrlich ausgefüllt haben, dann werden Sie unter Umständen feststellen, dass es da und dort noch einiges zu tun gibt.
Möglicherweise haben Sie das eine oder andere Thema als so wichtig angesehen, dass Sie gleich vorgemerkt haben, die Sache sofort in Angriff zu nehmen. Aber auch Sie können vermutlich nicht alles auf einmal machen.
Deshalb noch ein kleiner Tipp zum Schluss: Schauen Sie sich noch einmal die von Ihnen ausgefüllten Checklisten durch, und notieren Sie, was es alles zu tun gibt.
Danach entscheiden Sie, was Ihnen am wichtigsten ist, was am zweitwichtigsten usw. Auf diese Weise erstellen Sie sich eine Prioritätenliste der zu erledigenden Arbeiten. Und dann packen Sie die Sache an!

Und wenn Sie irgendwo wirklich nicht weiter wissen oder Unterstützung suchen, dann schicken Sie mir doch einfach eine E-Mail, oder rufen Sie mich an!

Helmut Kammerer
Kammerer-Services
Tel. 06421/14368
E-Mail: post@kammerer-services.de

Meinen besonderen Dank möchte ich an Ulrich Jungk und Bernhard Eck von der AHGZ richten für die jahrelange hervorragende und freundschaftliche Zusammenarbeit, die hoffentlich auch in Zukunft anhalten wird. Mein Dank geht auch an die Lektorin Bruni Thiemeyer, die wie gewohnt mit Feuereifer dieses Projekt betreute, bei der Neuauflage ebenso wie schon beim ursprünglichen Projekt. Ein herzliches Dankeschön geht nach Wien an Andreas Brunner, der mich jahrelang freundschaftlich als Agent betreute. Als Letztes – aber nicht zuletzt – danke ich meiner Frau Iris Kammerer für ihre Kritik, ihre hervorragende Redaktionsarbeit und ihre wertvollen Anregungen.

Helmut Kammerer

AUTOR

Helmut Kammerer, 1958 im oberbayerischen Holzkirchen geboren, arbeitet seit über 15 Jahren als Berater und Trainer. Mitte der 90er-Jahre verlegte er den Schwerpunkt seiner Tätigkeit auf die Betreuung von Unternehmen in der Hotellerie und Gastronomie. Darüber hinaus hat sich der gelernte Bankkaufmann auch als erfahrener Krisenmanager einen Namen geschaffen.
Die in diesem Buch behandelten Themen geben viele Schwerpunkte seiner Arbeit wieder.
Die Leser der Allgemeinen Hotel- und Gaststätten-Zeitung (AHGZ) kennen Helmut Kammerer seit vielen Jahren aus seiner wöchentlichen Kolumne unter dem Titel „Professionalisierung im Gastgewerbe". Doch auch in vielen anderen Veröffentlichungen sowie in verschiedenen Rundfunk- und Fernsehbeiträgen (u. a. mehrfach in der ZDF-Sendung WISO) bringt er sein fundiertes Fachwissen ein.
In jüngerer Vergangenheit vermittelt der Autor dieses Buchs seine umfangreichen Kenntnisse vermehrt in Seminaren und Vorträgen.
Nach wie vor gilt sein Hauptaugenmerk allerdings der individuellen Beratung. Vom hessischen Marburg aus, wo er seit gut 10 Jahren lebt, betreut Helmut Kammerer Unternehmen im gesamten deutschsprachigen Raum.

Internet

www.kammerer-services.de
Unter diesem Internetauftritt können auch kostenlose Kalkulationsmasken auf Excel®-Basis bestellt werden.

ISBN 978-3-87515-047-6
2. vollständig überarbeitete und erweiterte Auflage 2010

Satz und Gestaltung: Kerstin Gugel, Matthaes Verlag
Redaktion: Iris Kammerer

Printed in Germany